「言葉」が暴走する時代の処世術

太田 光 Ohta Hikari
山極寿一 Yamagiwa Juichi

a pilot of wisdom

目次

第二章　今、失われつつあるもの

生の会話は重層的
スマホの画面のほうがリアル？
「言葉の力」が失われつつある
「2ちゃんねる」の罪
AIに似てきた子どもたち
「生の時間」を取り戻す
言葉にも身体性が必要
天皇の代替わりで感じたこと
聖なるものを感じ取る力
本来、言葉がなくても通じる
言葉は時空を超える
問いを立てる力

言葉が伝わらない世界へ行ってみる
伝えようとするより、わかろうとすること
一番いい外国語の習得法
大切なのは共感と関心
もっと直観を信じていい
声をケチる技術
それは「障がい」ではない
いつ死のうかとばかり考えていた
こんなに自由でいいんだ！
引きこもりは哲学者と同じことを考えている
プライドをちょっと低くする
裏切られてもいいと思えるか
人生は取るに足らないもの
自然と、歴史と、つながるということ

つながりたい、でも離れたい
顔を見ながら話すことの大切さ
愛なんか求めなくていい

あとがき

山極寿一

まえがき

爆笑問題　太田　光

二〇一九年九月二三日、国連で開かれた気候行動サミットでスウェーデンの一六歳の少女が世界から集まったリーダーたちに向けて行った演説が話題になった。

「あなた方は、私たち若者に希望を見いだそうと集まっています。よく、そんなことが言えますね。あなた方は、その空虚なことばで私の子ども時代の夢を奪いました」

（「NHK政治マガジン」二〇一九年九月二四日。以下同）

彼女は学校を休んで活動をしている少女で、いつまで経《た》ってもCO2排出量削減の目標を達成できないでいるすべての国々に対して怒りをぶちまけているのだ。

「人々は死んでいます。生態系は崩壊しつつあります。私たちは、大量絶滅の始まりにいるのです。なのに、あなた方が話すことは、お金のことや、永遠に続く経済成長というおとぎ話ばかり。よく、そんなことが言えますね」

少女の演説は衝撃的で、世界中のメディアで報道された。日本でも、幼い彼女があれだけ堂々と訴えているのに比べ大人たち、政治家たちは情けないという意見が多く出た。私もあの演説はショックだった。何より一番衝撃を受けたのは少女の言葉でも、温暖化の現状でもなく、表情だった。あれほど憎悪に満ちた顔はあまり見たことがない。

「もしあなた方が私たちを裏切ることを選ぶなら、私は言います。『あなたたちを絶対に許さない』と」

言葉を聞かずともその気持ちは表情に溢《あふ》れていた。彼女は心の底から大人を憎んでいる。

それも世界中の大人たちを。

私は現在、五四歳だが、自分はどうだったろうと考えた。今までにあの子ほど人を憎んだことがあるだろうか。

私が生まれたのは昭和四〇年。高度経済成長期の真っただ中で、まさに公害が社会問題化していた頃。光化学スモッグが発生し、小学校のポールに黄色い旗が上がると校庭に出てはいけないと言われ、赤い旗が上がれば下校になった。まさに大量生産の時代。父は東京で建設業をしていたので、今から思えば羽振りもよかったのだろう。次々と車を乗り換えていた。初めて見たゴジラ作品は「ゴジラ対ヘドラ」。ヘドラとは海のヘドロが巨大化した怪獣だ。テレビでは水俣病《みなまたびょう》やイタイイタイ病のニュースもよく見た。「イタイイタイ」という病名がおかしくて、無邪気に何度も口にして笑った記憶が確かにある。東京生まれの両親が結婚し、移り住み、私が生まれたのが埼玉県。子どもの頃は周りは田んぼだらけで、道のほとんどは砂利道だった。こうして考えると私が子どもの頃、大人はせっせと道を舗装し、新幹線のレールを敷き、原発を建設していたのだなと思う。生物学者のレイチェル・カーソンが『沈黙の春』（新潮社）を出版し、初めて「環境保護」という概念を提唱したのが一九六二年。私が生まれる三年前だ。

少年時代の私は公害病もヘドラも光化学スモッグもよく知っていたが、「環境」という言葉を聞いた記憶も意識した記憶もない。まして、「温暖化」の「お」の字も知らなかった。「ノストラダムスの大予言」が流行したのが私が小学生の時。一九九九年に人類は絶滅するという言葉を信じ、本気で怯《おび》えていた。だから実は、危機感だけは今よりも高かった。

しかし絶滅の原因は核戦争か、宇宙人。怯えたあげく私が出した結論は、「どうせ絶滅するんだから今勉強しても仕方ない」だった。

中学生の時爆発的にヒットした「宇宙戦艦ヤマト」は、放射能で汚染され、あと一年で人類絶滅が迫る地球が舞台だった。私がおそれたのはガミラス星人だ。

あのスウェーデンの少女と同じ高校生ぐらいになると、さすがに少しは知恵もついてきたが、もっぱら関心は自分に向けられていた。確かに思春期で悶々《もんもん》として毎日うまくいかないことにイライラしてはいたが、あれほどまで強い感情で怒ったことはない。確かに自分も若い頃、大人たちと折り合いが良かったわけではないが、怒りの半分は自分に向いていて、前の世代を憎むというような感情はなかった。

自分の居場所はなく社会は決して居心地の良い世界ではなかった。だから、もう少しマシな社会だったら良いのにとは思ったかもしれないが、彼女のように世界中を憎むような感情にはならなかった。しょうがないなとどこかで受け入れていた。おそらく今の彼女が言う大人とは、そういうふうに諦めてしまった私のことを指すのだろう。何とかしなければならないことはわかっていたのに、自分のことばかりに夢中で何の手も打たなかった世代だ。

だから私にはあの表情が衝撃だった。憎まれているのが自分だと思ったからだ。少女の演説がテレビから流れていた時は、すでにこの本の対談を終えた後だったので直接お聞きすることができず残念だが、私は山極先生に彼女の怒りについてどう思うか聞いてみたい。

私にはあの表情は人類に向けられた他のすべての動物たちの威嚇のように見えたのだが、先生はどう思うだろう。人類を超越した動物としての他の種族への敵意のように私は感じたのだ。果たして先生は彼女をどう見たか。

山極寿一先生はゴリラ研究の第一人者だ。初めてお会いした時、なるほどこの人は人の中にいるよりもゴリラの群れにいたほうが楽なんだろうなと思った。だから今、京大総長をされていると知った時は意外だった。一生世界中のジャングルを飛びまわって過ごす人だとばかり思っていたからだ。実際にお会いして話を伺うと、やはり今の立場は居心地が悪いとおっしゃったので「そうでしょ」と思った。

　ゴリラは戦わないと先生は言う。ニホンザルのボスは戦ってその座を勝ち取るが、ゴリラのリーダー、シルバーバックは、周りのメスや他のゴリラから「あなたに従うから前に立ってくれ」と態度で示されて結果的に皆を守る立場になるそうだ。京大総長もきっとそんな経緯で就かれたのだろうと思うと納得する。

「ゴリラは戦わないが、負けない」と言う。「勝つこと」と「負けないこと」は違うと。サルは勝ちにいくが、ゴリラは勝ちにいかないそうだ。しかし、いざ戦いになれば絶対に負けないと背中で語るんだそうだ。俺はお前に背中を見せても平気だ、と。威厳を持った態度で示す。それは強くなければ取れない態度で、重要な態度だそうだ。シルバーバックの背中には白い毛が生えている。

　そのゴリラたちの居場所が地球温暖化によって失われているのだと少女は訴えている。

　私が先生に聞いてみたいと思ったのは、今、ゴリラはあの少女のような表情で我々を見ているとうか?ということだ。戦わないシルバーバックは、今、人間にジャングルで出会ったら、こちらに歯をむき出しにして威嚇するだろうか? 人類と、どう対峙《たいじ》しているのだろう?

少女の演説の数日後、テレビでは大河ドラマ「いだてん」の中で柔道の父・嘉納治五郎《かのうじごろう》が死んだ。嘉納は強くなることは戦わずして相手を制する効用があると知り、柔道を創った。曰《いわ》く「柔よく剛を制す」「人に勝つより自分に勝て」。

さらに半月後。日本にかつて経験したことのない規模の台風一九号が上陸し、各地で川が氾濫し、家が流され、土砂崩れが起き、停電が起きた。イノシシの群れが居場所を失い走ってどこかへ逃げて行った。台風が大規模になった原因は温暖化による海水の温度の上昇だという。CO2排出を削減しなければいけない。一方で停電によって、私たち日本人は電気がいかに人の命を救ってきたかを思い知る。インターネット、携帯・スマホがなかったらもっと多くの命が失われていただろう。被災地の気温は一気に下がり、人々は家を追われ避難所で生活している。暖房設備がなかったら、人は凍えてしまう。

二〇一一年、東日本大震災が起き、福島の原発はメルトダウンした。CO2を出さないエネルギーとして重要なはずだった原子力発電所は停止した。京都議定書の批准国である日本は再び化石燃料を燃やす量を増やした。

今回の台風で阿武隈川《あぶくま》が氾濫し、今再び福島の人々は被災し、苛酷な状況の中にいる。

台風一九号が去った一三日の夜。ラグビーワールドカップで日本代表がスコットランド相手に奇跡的勝利を果たし、人々は喝采した。「一人はみんなのために、みんなは一人のために」「ノーサイド」という言葉がよく聞かれる。屈強な体の選手たちが低い姿勢でスクラムを組む姿はゴリラを彷彿《ほうふつ》とさせる。体でぶつかり合いながらも紳士的な精神を持つ彼らの振る舞いに日本中が夢中になった。試合後日本代表のリーダー、リーチ・マイケル選手が乱闘になりかけたスコットランドの選手に日本刀を進呈した時のツーショット写真が話題になった。お互いが相手の健闘を讃《たた》え合う姿にファンは感動した。負けないが、コテンパンに相手を叩《たた》きのめさない。シルバーバックの背中。

同じ日、同じ時間。裏で放送された「いだてん」では、古今亭志ん生《しんしょう》と三遊亭圓生《えんしょう》が満州で、日本に二つの原爆が投下されたことを知るシーンが描かれた。そこから日本の戦後が始まる。

ちなみに視聴率はラグビーが三九・二％、「いだてん」が三・七％。

日本人は彷徨《さまよ》い、私は迷い続けている。

スウェーデンの少女の目に迷いはない。


「そもそも、すべてが間違っているのです」


彼女の視線の先にいるのは、迷っている私たち大人だ。

人類の居場所はどこにあるんだろう。私たちはどうすればあの少女に白い毛の背中を見せられるのだろう。

対談の中で山極先生が、「この後久しぶりにゴリラに会いに行けそうなんだよ」とうれしそうにおっしゃったのが微笑《ほほえ》ましかった。

この人も居場所を探してるんだな、と思った。

この本での私たちの話し合いもまだ続くだろう。

いつかまた山極先生と話の続きをしたいと思う。

「引きこもり」は「問題」なのか?

太田　近ごろ、「８０５０問題」といって、高齢の親が、「引きこもり」になった中年の子どもの面倒を見ることが社会問題になっています。二〇一九年五月には、川崎市でスクールバスに乗り込もうとした子どもたちが、引きこもりの男に襲われた通り魔殺傷事件がありました。さらにその翌月には、元農林水産省事務次官が、同じく引きこもりの息子を殺したというニュースが飛び込んできた。これらの事件をきっかけに、世の中が急速に、大人の引きこもりについて注目するようになったと思います。

俺も高校時代、引きこもりではないけど、三年間、誰とも口を利かずに過ごした時期があったんです。だから、他人事《ひとごと》ではないというか、誰ともコミュニケーションが取れなかった経験があるから、引きこもる人たちの気持ちもわからなくもない。でも、今、世の中で議論されていることは、何というか少しズレてる気がするんです。そもそも、コミュニケーションとは何なのか、引きこもるということは果たして問題なのか、そういうところから山極先生とお話ししてみたいと思って、今回、対話の機会を頂きました。

山極　確かに、引きこもり＝問題、と捉えるのは違うと思います。引きこもりだからといって、事件を起こすわけではない。それは当然のことです。ただ、外に出られなくて、親も子ども自身も苦しんでいる。でもね、僕は、引きこもりというのは今の時代に特有の現象で、しばらくするとなくなるんじゃないかと思っているんですよ。

太田　言われてみれば俺が高校生のころは引きこもりなんて言葉はなかったし、実際に引きこもってるやつもそんなにいなかった。一体いつぐらいから、引きこもりが増えてきたんでしょうね。俺は先生と反対で、これからもっと増えるんじゃないかと心配してるんだけど。

山極　おそらく一九八〇年代から増え始めた現象で、それも男性に多くて、ここ何年かで社会問題化してきたと思います。なぜ、引きこもりが増えるのかといえば、人間と人間の生のつながりが失われているからです。インターネットが普及し始めて以来、個人がそれまでのつながりを失い始めて、一人ひとりばらばらにされてしまった。今はスマホに代表されるＩＣＴ（情報通信技術）によって新たなつながりが作られている時代です。これまでのような、手触りの感じられる人と人とのつながりから、別のつながり方への転換期に差し掛かっていると思います。

人が引きこもる理由

太田　それは、いいこととはとても思えないんですが……。

山極　いいか悪いかはいったんおくとして、なぜ引きこもるのかを考えてみたいと思うんです。僕は今、端境期だと考えています。インターネットが普及する前は、身近な人との間に身体的なつながりがあったと思います。だからこそ、人とリアルに接するのが好きではない人、人付き合いの苦手な人が引きこもってしまった。けれども、これからは人と接しなくても不自由なく生きていけるようになるでしょう。

太田　身体的なつながりがなくても生きていける、と？

山極　そう。身体的なつながりではなく、AI（人工知能）やICTを活用して人と人は「脳」でつながるようになりつつある。その背景にあるのは「そもそも人間はばらばらな存在だ」という新しい概念です。だからこれからの人間は情報機器によってつながっていればいいと考える。他者と切り離された関係性が当たり前になれば、他者の目に映る自分の姿などに悩む必要もなくなり、煩わしい生の人間関係もなくなりますから、心穏やかに生きていけるんじゃないか。みんなが引きこもって生きていくのだから、わざわざ、引きこもりなどと問題視することもなくなると思います。

太田　それで本当に人は生きていけるんですか？

山極　今、引きこもりでつらい思いをするのはなぜなのか。それは今も、身体性を通じた社会的なつながりの中で自分を見出《みいだ》すのが一般的だ、という考え方に支配されているからだと思います。これは生身の人間同士の付き合いを前提にした「古い」考え方なんですよ。

これに対して「新しい」人間が出てくれば、もうそんな生身のつながりなんてどうでもよくなる。例えば、実際の世界では自分の代理となるアバターを活躍させ、自分は好きな場所にいてその情報操作をしていればいい。新しい人間は情報機器の中だけで自分を表現し、その世界の中でつながりを作ることに生きがいを感じる。そうなれば引きこもりなんて概念そのものがなくなるんじゃないか、というわけです。

もうセックスする必要はない？

太田　理屈としてはわからない話ではないですが、それはいいことなんですか？　俺なんかは、そんな生き方というか社会はあんまり幸せとは言えないと思うけど……。

山極　実際に身体《からだ》でつながるというのは、結構面倒なんですよ。人と一緒に何かしようと思うと、時間と場所を共有して、なおかつ顔をつき合わせて会話しなければならないでしょう。ときには一緒に食事もしなければならない。そういう関係性をものすごくつらく思う人たちがいる。だから一人でメシを食う「ぼっちめし」が良かったりするわけでしょう。なぜ、つらいのかといえば、自分をリアルな場で演じなければならないからです。ところがインターネットを使えば、リアルな場にわざわざ身をさらさなくても、いかようにでも自分を表現できる。そうなったら身体なんて持たないほうが幸せなんじゃないか。

太田　ちょっと待ってくださいよ。生身で触れ合わなくなるってことは、もうセックスもしなくなるわけですか？　そんな未来、俺は絶対に嫌だな。

山極　わざわざセックスなんてする必要ないでしょう。今の時代、やりたいならVR（バーチャル・リアリティ）の中でいつでも好きなだけ仮想セックスできるわけです。わざわざ生身の身体を使って人と触れ合うことなんか望まなくなるんじゃないか。むしろそんなの不潔だと感じる人も増えていくだろうし。

太田　確かに、「草食系男子」はその先駆けかもしれない。でも、もしほんとにそうなったら人類が絶滅しますよ。

山極　僕はね、そうとも言えないと思っているの。要は人類が、「脳化」した新たな存在に変わるということです。今の医学なら、セックスしなくても子孫は残せます。またそれに対して、抵抗感もなくなってきている。セックスは、究極の生の人間関係です。今、それを面倒に感じる人が増えている。しかも、技術の進歩でそういう生々しい部分を外部化することが可能になった。もちろん、不妊治療を受ける人にとって、こうした生殖医療は福音です。しかし、本来ならば不妊治療を受ける必要がなくても、セックスが面倒だからといって、医療の力に頼る人も出てくるでしょう。

太田　セックスも面倒に感じる、と。それが極限までいくと、ユートピアじゃなくてディストピアになりかねないんじゃないですか。

山極　もちろん、「新しい」人間ではない僕にとって、そんな未来はディストピアでしかないですよ。

ディストピアの原因は「言葉」にある

太田　では、先生はそうなるのがいいとは、決して思ってないわけですね。ちょっと安心しました（笑）。

山極　もちろん望ましい未来だなどとは、まったく思っていませんよ。ただ、なぜこんなふうになってしまったのか、元を突き詰めていけば、そもそものきっかけは「言葉」にあると考えざるを得ない。人は言葉を持ってしまい、その効用の時空を超える広がりという側面を伸ばそうとしたために、ついに他者とのつながりをバーチャルに拡大するようになってしまった。その行き着く先が今の情報社会に至り、人間自体を情報化する未来へつながっている。そう考えれば、現状にも、あるいはディストピア的な未来予想図にも、ある種の必然があるとも考えられるんです。

太田　なるほど。それは興味深いですね。引きこもりの問題も、人間の未来も、言葉が鍵を握ると。最初の話題に戻りますが、俺が高校時代に誰とも口を利けなくなったのも、まさにその言葉を失ったことが大きいんです。でも、あることがきっかけで言葉を取り戻した。それは追い追い話すとして、確かに、言葉についての思索を深めていけば、今、起きているいろいろな現象も、理解できそうな気がしますね。

第一章 「言葉」が暴走する世界への対処法

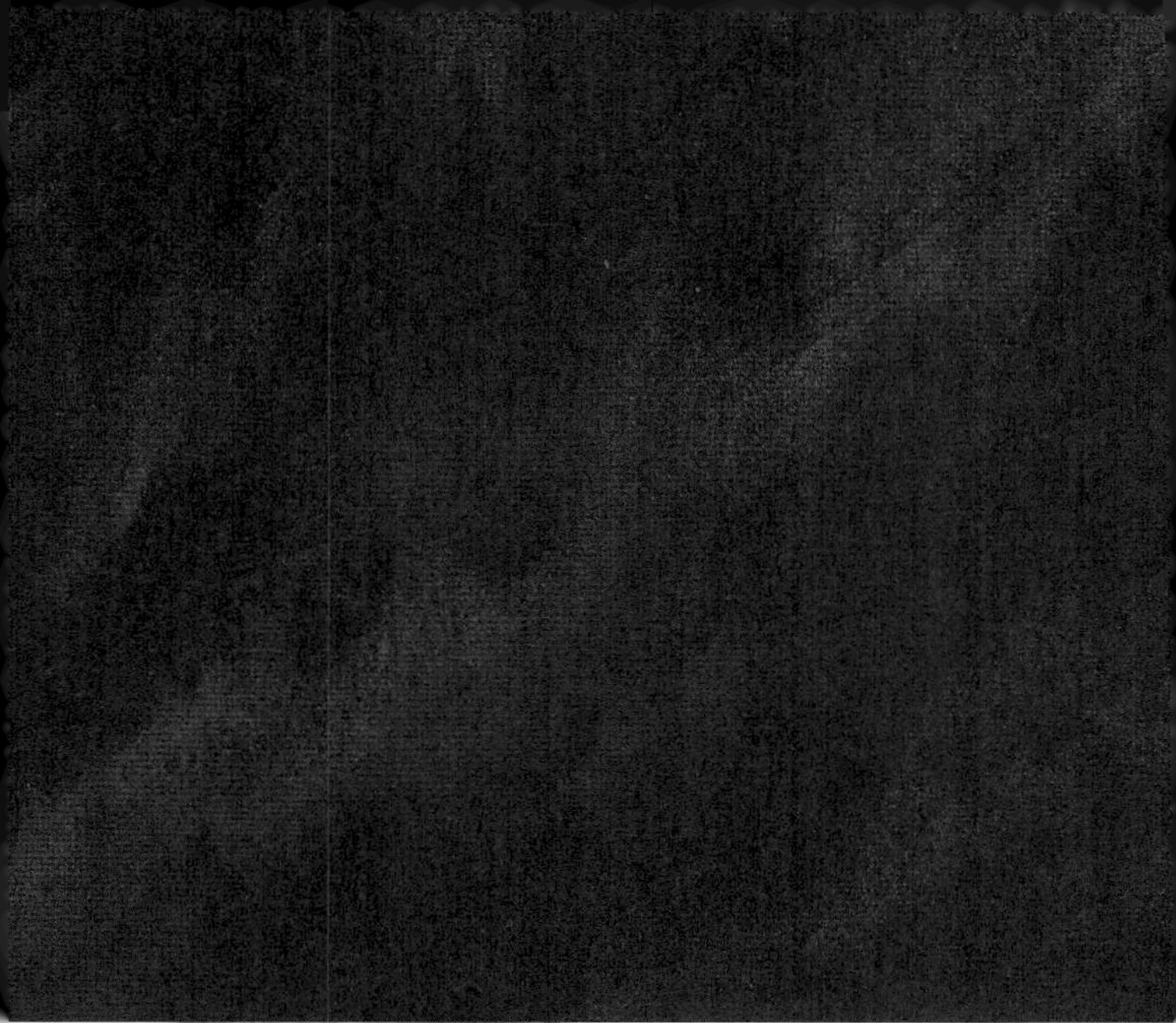

事件現場をスマホで撮影するという感覚

山極　最初に太田さんが話題にした川崎の通り魔事件ですが、テレビでニュースを見ていたら、実に衝撃的な映像が目に飛び込んできたんです。何かというと、その現場をスマホで撮影している人たちがいた。たぶん通りがかりの人なんだろうけれど、あれにはショックを受けましたね。

太田　何かあったら、とにかく写真や動画で押さえて、ツイッターで流すみたいな感覚ですね。確かビンラディンがアメリカ軍に殺害されたときも、現場近くにいる人がずっとツイッターでつぶやき続けていたって聞いてネタにしたことがあります。これってリアルの世界をバーチャル化したということでしょう。目の前で起こっている大事件の画像や映像をＳＮＳに投稿する。それを見た人たちがリツイートして情報がどんどん拡散していく。

山極　現実に起こっている悲惨な情景が、ＳＮＳに投稿された情報を通して理解される。現実に対するこんな認識の仕方が、いわゆるスマホ世代では常識になっている。

あえてスマホは持たない

太田　スマホを持っていない俺には、ちょっと理解できない感覚ですね。先生もスマホは持ってないですよね。

山極　そう、持ってない。というよりも、あえて持たないようにしている。そもそも情報通信機器は、自分が持っている情報を、できるだけ多くの人に、時間をかけずに正確に伝えられるように発達してきました。それが今は、時間はかからない代わりに、現実感が伝わらなくなっている。その結果、相手にわかってもらえなかったり、うまく伝わらなかったりという不満が出る。なぜそうなるのかと考えると「場を共有できていない」からだね。事件現場にいながらも、その情景を直視せずに、スマホ越しに見ているから。

太田　ＳＮＳに限らず、ＩＣＴを使ったコミュニケーションは、いちいち、場を共有しなくてもいいというのが便利でウケているわけじゃないですか。誰かと話をするのに、わざわざお互いの時間と場所を合わせなくてもいい。しかも対面しなくても済む。

山極　それは確かに便利なんだけど、対面して話すときに必ずついてまわるはずの、言葉に託された状況とか、感情とかが削《そ》ぎ落とされてしまう。あくまでもテキストデータとして伝わってきた情報だから、ただそれを読むだけだと、どうしても読み手が勝手に意味を付け加えてしまう。その結果、顔を合わせて話していたときには決して起こらなかった誤解が生じたりする。

太田　顔をつき合わせて話していたら必ず伝わっているはずの、表情まで含んだ言葉遣いや身振り手振りが伝えるニュアンスも全部、削ぎ落とされてしまいますね。

なぜ「誤解」が生じるのか?

山極　言葉にしても、声色によって微妙な違いが出ますよね。それらがすっぽり抜け落ちてしまった上に、読み手が自分の勝手な思い込みを入れてしまうから、大きな誤解が生じたり、勝手に読み手の心が傷ついたりする。漫才だって二人で顔を見ながら話すからお互い通じ合うものがあるわけでしょう。

そういえば最近、便利な自動翻訳機ができているけど、あれを使って外国人の前で日本語のお笑いを通訳すると、うまく通じると思いますか。

太田　「爆笑問題の日本原論」という漫才の連載記事を書いているんですが、これは漫才のしゃべりを文字にして誌面上で展開するわけです。原稿を書いていて感じたんだけど、実際にやる漫才と、書きものの漫才はまったく別物ですね。例えば舞台の上だったら、田中の背が小さいことを表現するのに「こいつが」って言いながら、背の低さを身振りなどで表せます。

ところが単にテキストで「こいつが」と書くだけでは、身長のことなど何も伝わらない。だからさらに何か言葉で補わなければならない。そこから考えると、翻訳機で自動翻訳する漫才だったら、それ用にじっくり考えた台本を作らないと面白いものにはならないでしょうね。

山極　でも、不可能ではないわけだ。

太田　ただし漫才特有の「間」を効かせた笑いなんかは難しいでしょう。だからいつも舞台でやっているリアルな漫才とはまったくの別物として、翻訳機専用の漫才を考えなきゃならないと思います。

山極　今の話を聞いて、ラスベガスのオランウータンショーを思い出したんだけど、それは調教師とオランウータンがいろいろやり取りして観客を笑わせる見世物です。実に単純な笑いで、例えば調教師が野球のボールを持っていて、それをオランウータンの口に入れて隠す。それだけでも笑いを誘うのだけれど、オランウータンがちゃんと言うことを聞いたと調教師がいい気になっていると、今度はオランウータンが勝手にボールをポコンと吐き出す。それで調教師があわてる姿がさらに笑いを誘うという。

太田　なるほど。その一連の動きなら言葉はまったく不要ですね。見てるだけでおかしさが伝わってくる。

山極　ところが実は言葉が必要なんです。調教師は、自分が今からやろうとする動きを一つひとつ説明するわけです。だから観客はこれから何が起こるのか、あらかじめ理解している。ところがオランウータンが、調教師の意図をわかっていながら見事に裏をかく。そのとき生まれるギャップが観客の笑いを誘う。

太田　思っていたのと違うことが起きると、そのズレが笑いを生むんですよね。

山極　オランウータンは、自分に注目が集まっている状況を認識していて、さらに自分が何をやらかせば観客が笑うのかも理解している。だから調教師に言われたとおりにはやらないんだね。ここには演技をしている側と見ている観客が一体になった、場のつくり方があると思うんです。もしここで自動翻訳機のような機械を間に挟んでしまったら、パフォーマンスのつながりが切れてしまう。漫才でも同様に、言葉だけではつなぎきれない動作や間があるからこそ、お客さんとの連帯感が生まれるんじゃないですか。

対面だからこそ伝わる

太田　う〜ん、そこはケース・バイ・ケースかもしれないと思いますね。俺はイギリスのコメディーテレビ番組「モンティ・パイソン」が大好きなんだけど、これは字幕で見るんですよね。それでも十分、笑える。翻訳機はしゃべってくれるんでしょう。字幕じゃなくて音で意味が伝わるなら、笑わせる側の人間からいえばとても助かるような気もしますね。オランウータンと人間のやり取りはともかくとして、人間同士のやり取りは世界中どこでもそんなに変わらないじゃないですか。だったら翻訳機が説明してくれても邪魔にはならないでしょう。

山極　テレビや映画を見るときに字幕で理解するのはいいんですよ。それはあくまでも一方通行のコミュニケーションであり、対面で話をしているわけではない。視聴者の側で完結するものだから。ところが自動翻訳機を使う情景を思い浮かべてみるとどうなりますか。僕が日本語でしゃべったら、相手は英語で聞く。これがリアルに対面で行われるわけです。向こうが英語で話せば、それを僕は日本語で聞く。そうした機械を通した対話において、本来の対話なら成立していたはずの「言葉が誘いかける同調」や「言葉の意図を見通した予測」が成立するんだろうか。対面で日本語の話者同士で普通に話していれば、言葉の抑揚に込められた微妙な意味、相手の感情などに感応して、例えば相づちを打ったりうなずいたりするじゃないですか。

太田　それはまさにお笑いの本質的な部分ですね。そういう意味では、確かに機械を介した笑いというのは難しいかもしれない。

生の会話は重層的

山極　僕らは言葉を覚えることで、そうした言語感覚に馴染《なじ》んできたわけですよ。だから相手がしゃべっている間も常に少し先を読んで、次に何を話そうかと考えていたり、その先の会話の展開を予測したりもする。つまり生の会話は常に重層的な連続性を保っているんです。これが書き言葉とは決定的に違うところでしょう。

太田　「日本原論」でも苦労したのは、まさにそこなんですね。舞台の上で田中と実際に話していたら、次に何を言うだろうかとか、それにどうかぶせていこうかとずっと考えている。そこが面白かったりするのだけれど、書き言葉にすると一文ごとにプチンプチンと切れてしまって、そこで完結してしまう。

山極　書き言葉の場合、読み手には直線状につながった会話のテキストとしてしか目に入ってこない。ところが、しゃべりの現場では、会話は常に重なり合いながら進んでいくわけですね。その重層性が会話の豊かさを育み、対面しているからこそ伝わる意味が生まれる。

太田　俺は落語が好きなんですが、特に昔の名人の噺《はなし》は聞くだけでいい。今はユーチューブを見れば、古今亭志ん生師匠の映像なんかもあるんだけど、耳で聞くだけでも満足できます。

山極　映像はなくても、聞くだけでも伝わるものはあるわけですね。

太田　昔の大名人の語りは、俺は子どものころからずっと聞いているから耳に馴染んでる声なんですよ。だから、自分の中に志ん生像みたいなのができているんです。ご存じのように落語では、一人の噺家が熊さん、八っつぁんから女将《おかみ》さんまで何役もやるじゃないですか。志ん生師匠クラスになると、下手に映像なんか見ずに耳だけで聞いているほうが楽しめたりするんです。

山極　声を聞いているだけで、語られている現場の状況が頭の中に浮かび上がってくるんだね。

太田　そうなんです。イメージが勝手に広がる感じで。ところが映像を見てしまうと、逆にその映像にイメージが限定されてしまう。立川《たてかわ》談志師匠なんか晩年はもう、ぼうぼうの髭面《ひげづら》なんです。それはそれでカッコいいんだけど、その苦虫を噛《か》みつぶしたような顔で女将さんを演じている談志師匠を見ていると、髭面のインパクトのほうが強くなりすぎてしまう。だから俺なんかは、耳で聞くだけのほうがいいなと思う。

山極　確かに日本には声を重視する伝統があると思います。昔は偉い人と会うときには御《み》簾《す》で遮って、お互いに姿を見ることなく声だけを通していた。駕籠《かご》に乗っているような偉い人と話すときもそうじゃないですか。駕籠の外から話しかけるんだけれど、お偉いさんは顔を見せず声だけで答えるとか。これは私の持論なんだけど、人間は猿と同じで、どうしても視覚のほうが聴覚よりも強いリアリティを持ってしまうんですよ。だから映像に強いインパクトを受けるし、ましてや現場にいると視覚を優先させてしまう。面と向かって話しているときでも、しゃべっている内容と噛み合わないような顔の表情を見せられると、それに引きずられたりするでしょう。

太田　顔で表現するテクニックは漫才でも使いますね。

スマホの画面のほうがリアル?

山極　それがね、今はかなり変質しつつある。目の前で起こっている状況よりも、スマホの画面越しに見た世界にリアリティを感じてしまう。特にスマホ世代に顕著だと思います。画面を通して見えるのは、単なるデータです。生の持つ圧倒的な情報量には到底かなわない。にもかかわらず、生の情景を見ることなく、画面を通して見るほうがわかりやすいという逆転現象が起きている。要するに、当事者性が失われていると言っていいかもしれない。

太田　なるほど。傍観者というか見物人になっているというか。確かに、事件現場をスマホで撮影しようなんていう発想は、当事者ではなく、傍観者そのものですよね。

以前聞いた話ですが、原始時代、それこそまだ言葉がなかった時代に、「お前が好きだ」と伝えるのにどうしたかといえば、まずは相手の身体に触って伝えようとしたはずですよね。でもそれ以外の手段もあったそうです。先生は、ご存じかもしれませんが、「石」でその気持ちを伝えていたんですね。どういうものかというと、自分の気持ちに合う形をした石を見つけて、それを好きな人のところに持っていくんです。すると相手は、その形を見て何かを感じ取る。言葉を使えれば、ただ「お前が好きだ」と言えば済むわけです。けれども、その石から感じ取る相手の気持ちは、言葉に限定されない分、無限の広がりを秘めているんじゃないかと思うんです。

山極　言葉にしてしまうと、意味が限定されるというのは確かにそうだと思いますね。

太田　ではなぜ言葉が生まれたのか、と考えてみると、人間は言葉を発明せざるを得なかったんじゃないですか。何かを誰かに伝えたいと思うからこそ、言葉が生まれた。言葉も含めて使えるものを総動員しないと、ものごとは伝わらなかったんじゃないかと思います。

山極　アフリカのある国では、最近まで文字がなかった。ヨーロッパ人が文字を伝えて、自分たちの言語をアルファベットで表記するようになったけれど、いまだに文字を書けない人たちがたくさんいます。僕と一緒にゴリラを追っかけてくれる人たちの多くは、文字は書けない。でも、彼らは話術がすごく巧みなんです。

太田　文字は書けなくても、いやもしかしたら、文字に頼らない分、かえって表現力が豊かなのかもしれない。

山極　彼らにとっては言葉が常に行動規範になっている。話される内容は、過去の経験を含むさまざまな出来事なんです。それを例示することによって、今、直面している状況を説明したり、理解したり、次の行動を決めたりする。知恵者は、そうした過去の事例をたくさん覚えていて、その結末をきちんと教えてくれる。そう考えると知恵者の語りと落語は似ているんじゃないかと思いますね。

太田　話芸という点では、共通するところがあるかもしれません。

「言葉の力」が失われつつある

山極　落語では、実際にはとてつもなく悲惨な出来事が起こっていても、それを笑い飛ばすような話にしたり、ごく個人的な内容をみんなが共有して笑えるように変形するでしょう。人情噺や笑い噺など、人を泣かせたり笑わせたりする話がある一方で、ぞっとさせるような怖い話もある。これは言葉の魔力であり、人間が言葉を使い始めて以来、ずっと保ち続けてきた力だと思います。

でも、その「言葉の力」が、今、失われようとしていると感じるんですね。一つの言葉は、ある特定の意味だけを示すわけではない。同じ言葉を使っていても他の言葉との組み合わせによって、文脈の中で多種多様な意味を持ちうる。だから言葉はさまざまに世界を表現できるわけです。同じ言葉を使っていたとしても、同じ物言いというのは、二度と起こらない。言葉は、どのような状況で誰が誰に向かってどう話しているかによって意味が変わってくるんです。たとえまったく同じ言葉が使われたとしても、状況が変われば、伝わる内容はまったく違ったものとなるはずです。そういう「一回性」が言葉にはある。ところがテキストベースの文字社会になってしまった結果、言葉によって伝わる意味がとても薄っぺらなものになっているんじゃないか。

「2ちゃんねる」の罪

太田　なるほど。先ほどの話に引き寄せて考えると、言葉の力が失われつつあるから、当事者意識のなさも深刻になってきていると言えるんじゃないですか。

ＳＮＳが普及する前、ネット掲示板の「2ちゃんねる」が流行《はや》っていましたね。ちょうどそのころ、テレビで「太田光の私が総理大臣になったら…秘書田中。」という政治バラエティーをやっていたんですが、2ちゃんねるでは、どう書かれているのか気になって、見たことがあるんです。すると匿名掲示板の中に、「爆笑問題太田について」というスレッドが立っていました。そこに「太田、死ね」みたいなコメントがずら～っとね、もう画面いっぱいに、スクロールしても延々と続いている。当時は、もう大変なショックでしたよ。ちょっと外に出るのも怖いくらい。

山極　かなり強い言葉だからね。相当、つらかったでしょう。

太田　顔はもちろん、名前もわからない相手が画面に無数に出てきて、みんなが「太田、死ね」って書いているんですよ。こんなにも多くの人間から、俺は憎まれているのかと思うとね、それはもう何とも言えない気持ちになりますよ。そのときに思ったのが、同じようなことを、子どもがされたらどんな気持ちになるだろうなって。俺なんかは、その当時、四〇を過ぎていて、人前に出る商売をやって、クレームにも慣れている人間なんだけど、それでもこんなに傷つくんだから、小学校や中学校の同級生から「死ね」とか言われている子どもは、もう生きてらんないだろうなって。こんなサイトをそのままにしておいたらいけないと思いました。

ところがなんとも不思議なことに、今では「死ね」とか言われても慣れちゃって全然平気なんです。すると、生まれたときから、そういう環境で育っている子どもたちは、SNSで「死ね」とか言われても何にも感じないんじゃないかって。

山極　やっぱりディストピアに向かっていると思わざるを得ないような話だね。もう言葉にも身体で反応できなくなっているのかもしれない。

太田　今の子どもたちが言葉に対して持つ感覚は、俺らとはまったく違うような気がするんです。なんだろう、言葉に対する免疫反応みたいな能力を持っているのかもしれない。

山極　「ロボットは東大に入れるか」プロジェクトでＡＩ「東ロボくん」を東京大学の入学試験に通そうとした、数学者の新井紀子さんと話したときに面白いなと思ったんだけど、彼女は「今の子どもたちはＡＩと同じような知能になりつつある」と言うんだね。人間とＡＩは文章の理解の仕方に違いがあるそうです。我々と違ってＡＩは、文章を丸ごと理解するのではなく、単語で理解する。だから「京都で一番おいしいイタリアンレストランを教えてくれ」とＡＩに尋ねた結果と「京都で一番まずいイタリアンレストランを教えてくれ」と尋ねたときの結果が、同じになるというんだ。

太田　どういうことですか？

山極　つまり、ＡＩは「京都」「おいしい」「イタリアンレストラン」と単語を並べて検索してヒット数の多い場所を探す。一方で「京都」「まずい」「イタリアンレストラン」で検索しても、「まずい」でヒットする結果なんてほとんどないから、結局「京都」「イタリアンレストラン」で検索したときと同じような結果になるわけです。

太田　そういう意味では、ＡＩもまだまだなんですね。

ＡＩに似てきた子どもたち

山極　そして今の子どもたちは、そんなＡＩに似ているというのが新井さんの問題提起なんだね。つまり文章をじっくり読まずに単語だけ見て読んでいくから、単語の並び方が似ていたら、それだけで同じ内容の文章だと思ってしまう。インターネットで検索するときも単語で調べるじゃないですか。すると、その単語の意味だけが表示されて、本来ならその言葉が使われるはずの前後関係や、どういう作品に使われた言葉なのかというところまではすぐにはわからない。一つの単語が、常に同じ意味で使われるはずなどないのに、意味を画一的に捉えようとする。そういう方向性に子どもたちの能力が向かっている。受験産業が、そういう方向に子どもたちを誘導しようとしているから、そうなるのも仕方がないのかもしれないけれど。

太田　言葉の話でいえば、例えば俺はよく田中に「ばか」って言うじゃないですか。でも「ばか」って今や何の意味も持たない言葉になりつつあるんですよ。本来なら、人に面と向かって「ばか」なんて言うのは、もっと重い意味を持っていたはずだと想像するんだけど。でも俺らがお笑いの中でしょっちゅう「ばか」って言ってるもんだから、もう慣れてきちゃって、むしろ親しみさえ感じさせるような表現になっている。

山極　言葉の感覚は時代と共に変わっていくからね。あるいは地域によっても変わりますよね。僕は東京出身だから、関西の大学に入って初めて「あほ」と言われたときはムカッときましたよ。

太田　関西では平気で「あほ」と言いますね。

山極　関西で言う「あほ」に深い意味はないからね。ところが同じ関西で「ばか」って言うとね、相手はものすごく怒る。言葉には地域性がものすごくあるね。

太田　それも時代によって変わってきていて、関西の芸人がたくさん東京に出てくるようになって、今では「あほか」が普通に使われるようになった。「あほ」「ばか」に関して今はもうぐちゃぐちゃですね。そういうふうに言葉は変わっていっちゃうから、俺も「死ね」と書かれたときの衝撃について振り返ってみると、書いた人たちが本気で「死ね」と思っていないことを今では理解できる。もしかすると、今ではもっときつい別の言葉があるのかもしれないけど。

言葉といえば、テレビにテロップを出すようになったでしょう。

山極　あれも、お笑い番組なんかで最初に見たときは不思議でしょうがなかったんだよね。

「生の時間」を取り戻す

太田　俺は芸人としてものすごく嫌悪感があったんですよ、要するに俺たちを信用してないのかって話でね。俺たちが一生懸命しゃべくっているのに、わざわざ「ここが面白いですよ」と教えるなんて余計なお世話だと。だから明石家さんまさんなんかは、自分の番組ではテロップは出させないんです。ところが視聴者のほうがテロップに慣れてしまって、今ではあれが出ないと、どこで笑ったらいいのかがわからないってクレームが来ることもあるそうです。

山極　テロップを見てればいいと思うと、耳をそばだてなくなる。

太田　ボリュームを小さくしていてもね、テロップさえ見てればいいわけですよ。

山極　何かわけのわからないことを言ってるなと思っても、テロップを見ればいいと。ずいぶん大きな変化ですね。つまりこれも文字情報を偏重しているという話ですね。先ほどの話とつながりますが、テキストだけのやり取りでは、まずいことになると思いますね。感情ではなく、意味が先行して対話が薄っぺらになる。

太田　ここまで繰り返し話題になりましたが、話し言葉が、無味乾燥なテキスト情報として流通する。それによって、本来、伝えたい思いや熱量みたいなものも捨象されてしまう。面と向かって話をする場面が失われているわけです。面倒かもしれないけど、一緒にメシでも食いながら話す。そういう「生の時間」を取り戻していかないといけないのかもしれませんね。

第二章
今、失われつつあるもの

言葉にも身体性が必要

山極　以前、太田さんと田中さんが京大にＮＨＫの番組の収録で来たでしょう。京大の面白い研究者を揃《そろ》えるという話で、僕も加わったんだよね（笑）。あのときは太田さんが天文学の小山勝二先生と大ゲンカしたりしてなかなか刺激的でした。

太田　あれはいつだったかなぁ……。もう一〇年以上前の話ですね。

山極　その後、別の番組で僕と話をすることになって、京都市動物園へ一緒に行ったのを覚えていますか。

太田　思い出した！　ゴリラがいましたね。

山極　そう、せっかくだからゴリラの前で話そうということになった。そこでバックヤードに行って、ゴリラと金網越しに接する距離で、僕がゴリラに背中を向けて座る。その前に太田さんと田中さんが並んで、三人で話しているところを僕の後ろからゴリラが見てる。そんな状況で話そうとしたんだけど、太田さんが全然しゃべらなくなった。

太田　あのときは、本当に怖かったんですよ。

山極　これじゃ番組にならないということで、結局ゴリラがいない場所に移って話をしたんだけど、そこでも太田さんはなぜか全然しゃべらなかった。結局、田中さんと僕がずっと話していたという、珍しい展開になりましたね。

太田　そうでしたっけ？

山極　あの経験で気づいたことがあって、噺家というのはやっぱり瞬間芸で、その話はあらかじめ用意されたものとは違うんだということです。僕らが普段話をしているときは、話すほうが主役で聞き手は主役の話を聞く。面と向かって会話をしている場合は、話しているほうが主役だから間違って解釈されたら、話し手は怒るでしょう。相手が人間である限り、話している言葉が英語だったり、あるいはスワヒリ語だったりして話の内容が正確にわからなくても、顔の表情やしぐさ、身振り手振りなどでなんとなく言っていることはわかる。噺家というのは、そういう聞き手の反応を察知する能力にとても優れている人なんですよ。

太田　俺は噺家というほどのものではないですが……。

山極　いやいや、れっきとした噺家ですよ。だからゴリラと面と向き合ってしまったために、相手を察知する能力を発揮できなくなったんじゃないか。ゴリラはきっと、我々のことを興味津々で眺めていたはずなんですよ。ところが太田さんは、人間以外の生き物、ゴリラが目の前にいるのが気になって仕方がない。しかも、ゴリラは言葉を解さないで人間の表情やしぐさを読んでくるからね。ゴリラのそういう様子までを太田さんは察知してしまったから、余計に話せなくなったんじゃないかと思ったんですよ。

太田　言われてみれば、確かにそうかもしれませんね。田中と漫才やっているときはもちろんだけど、人と一緒にいるときは、相手の何気ないしぐさなんかを結構見ているほうかもしれない。

山極　僕らは言葉をひねり出して、言葉だけでやり取りしているように思っているかもしれないけれど、実はそうじゃないんです。相手の表情や雰囲気なんかを読みながら、話題を先読みしていたりする。それがまさに対面での言葉による会話で、この形式は言葉ができる前に創り上げられたコミュニケーションを土台として成立しています。太田さんは、そうした「生きた会話」の中をずっと歩んできた人だと思うんです。だから、ゴリラとの間でもそうした会話を試みようとした。でも、ゴリラが言葉を使わずに会話の中に踏み込んで来たので、どうしていいかわからなくなったんじゃないかな。

さらに、人間は言葉を文字にして理解し、最近は文字から逆に言葉の意味を固定しようとし始めた。ところが、文字というのは、言葉の持つ身体的なコミュニケーションの要素をすべて捨象してしまったものなんですよ。文字は言葉の代用品と思われているかもしれないけれど、それはまったく違う。言葉は生きている世界の中で意味を持つ。「生きている世界」というのが意味するのは、話をしている人の身体性や聞き手との間の関係性を伴っているということです。だからビデオで録画したり、レコーダーで録音した会話ですら、もはや本来の言葉ではない。なぜなら、録音された音を再生する場に、その言葉を話した本人の身体はないわけだから。聞いているほうはいくらでも勝手に解釈できる。それは対話でも会話でもない。

天皇の代替わりで感じたこと

太田　そうですね、先生の本意を理解しているかわからないけれど、言葉については俺も、天皇陛下の代替わりの儀式を見たのをきっかけに考えていることがあります。あの様子を目の当たりにして、言葉としぐさ、そしてその意味を考えるようになったんです。天皇陛下が執り行った儀式では、言葉が一切なかったでしょう。

山極 そういえば三種の神器は使っていたけれど、確かにしゃべらなかったね。

太田 神道で使う言葉って祝詞《のりと》だけじゃないですか。しかも祝詞は、そこに集まっている人々に向けられた言葉ではなく、あくまでも神様に向けられた言葉です。ここが神道と仏教との決定的な違いで、仏教で僧侶が話す言葉は、教えであり、お説教なんですよ。ところが神道では、言葉でくどくどと説明するのを嫌う。だから、日本で古くから受け継がれてきた、あるいは大切にされてきたのは、言葉ではなくしぐさや形式、型だったんじゃないかと思うんです。

聖なるものを感じ取る力

山極 神道はもともとアニミズムですからね。森や川、岩の言葉を聞いたり、植物の語りに耳を傾ける。それらに宿っている神性を秘めた声なき声を聞く。これとはまったく逆なのがキリスト教で、この宗教は「最初に言葉ありき」の世界、つまり言葉が神とも言えるわけです。

太田　最近の日本人はずいぶん変わってしまったけど、昔は無口な人が多かったですね。それは言葉や声に出さずに伝える方法を心得ていたからかな。

山極　言葉がなければ、キリスト教は始まらない。言葉というのは、まさに神との契約の印で、人間を神の姿になぞらえてつくり、この世界を人間に任せるという証《あかし》なわけです。ところが、そんな神との契約などという概念は、日本の神道にはまったくない。ただただ森羅万象に宿る、何か聖なるものを黙って感じ取るのが第一歩で、そこには言葉などいらない。我々は無言のうちに自然とずっと対話してきたわけです。祝詞はあるけれど、それで何かが約束されるわけでもない。この「約束される」かどうかが、神道とキリスト教の最大の違いだと思いますね。

太田　確かに、神道にはキリスト教のような神との約束という考え方はないですね。

山極　キリスト教の神は農業と牧畜の神様なんです。だからカインとアベルが最初に出てきて神への献《ささ》げ物をめぐって争う。そして「地に満ちよ」という教えは、収穫物を人間が取ることを許す代わりに、半分は神様によこせというわけです。これが契約なんです。そして自然は農業や牧畜の敵となるから、人間や家畜の住まない世界は悪魔の巣窟と見なされてしまった。キリスト教にとっては、森も山も川も悪魔の跋扈《ばっこ》する場所でしかない。だから人間が征服して、人の手によって馴染みやすいものに変えなければならないと考える。ところが日本では森羅万象、森にも海にも神様が住んでいるから、そこを征服しようなどとだいそれたことは思うはずもない。感性がまったく違うんだね。

太田　だから海や山を見て、ありがたいと拝んだりするわけですね。神道は皇室がずっと続けてきた儀式という側面も持っている。

そういう日本人を前提として、先生にちょっと質問なんですが、先生たちがやっている学問は、日本の感性と相容《あいい》れないところがあるんじゃないですか。なぜなら学問とはすべてを言葉で説明しようとするわけでしょう。

山極　それは人間が言葉を持ったことによる宿命で、すべては言葉で説明されなければならない。これが学問ですね。ただここに、そもそもの問題があるのも間違いないわけです。僕らは大師匠にあたる今西錦司さんから、次のように言われたんです。「猿は自分自身で歴史を書けないから、お前が猿になりきって猿の世界に入って、猿と一緒に生活しながらその生活感覚を身体で覚えて、それを人間の言葉で書き記せ」と。我々はもはや言葉なしでは表現できないわけですよ。

太田　そのとおりですよ。言葉がなければね、漫才もできないわけだから。

本来、言葉がなくても通じる

山極　言葉は技術なんです。そして人間とは、一度手に入れてしまった技術を使わずにはいられない生き物なんです。新しい技術は人間を幸せにしてくれる一方で、人間を不幸にする面もある。言葉をしゃべれるようになって以来、人間は言葉以外のコミュニケーション、例えば先ほど太田さんが話していた石で気持ちを伝える風習なんかを失ってしまったわけだからね。

言葉を持たなかった時代はおそらく、いろいろな動物たちとも対話できたんじゃないかと思うんです。人類が言葉を編み出したのは七万年ぐらい前だと言われていますが、それ以降は、言葉以外のツールでコミュニケーションができなくなってしまった。

太田　そうはいうものの、先生はアフリカで調査しているとき、ゴリラとコミュニケーシヨンできたって何かで読んだ記憶があるけれど。

山極　確かに気持ちを通じ合わせるところぐらいまではいけたような気がするね。さらに、これはただの思い込みだけれど、彼らの代弁者になれるぐらいには思っているわけですよ。けれども残念なことに、彼らの気持ちを人間の言葉で綴《つづ》ってしまったら、それはものすごくしょうもないものになってしまう。

例えば、ゴリラには行動と行動の継ぎ目に不思議な間がある。このときの気持ちというのは、周りに自分を溶け込ませながら、状況を静かに見極める白紙に近い状態なんだよね。あるいは、ゴリラに顔を近づけられてのぞき込まれると、心の中に入り込まれて動かされるような気がするんです。なんとも表現できないし、人間にはまねができない。けれども、言葉に表さないと他の人間にはわからないから、無理やり言語化してしまうんだけどね。

太田　普通の人は先生みたいにゴリラと直接、触れ合ったりできないですからね。先生が言葉にしてくれた内容を、ゴリラを理解するためのヒントくらいの感覚で受け止めるしかないわけですね。

言葉は時空を超える

山極　結局は、その現場に居合わせないとわからない感覚があるんです。一方で言葉の本質はまさにその点に絡んでいて、要するに言葉は「時空を超える」のです。自分が実際に体験していないモノやコトを、言葉が擬似的に体験させてくれる。その意味では、言葉とは、初めから「バーチャルな」ツールだったとも言える。俺はあそこで、あんなものを見たんだよと誰かに言葉で知らせると、その言葉を聞いた受け手は「ああ、あれのことかな」と自分の記憶を探りながら、あるいは記憶にない場合は想像力を働かせて、その言葉で表示されたものを見ているように錯覚する。

太田　そういう意味では、言葉は便利なツールですね。

山極　言葉はまさに時空を超えて、過去のものを現在に引き出したり、遠く離れた場所のことを、眼前にあるように表現することもできる。ただし、そこには大きな落とし穴がある。言葉はあくまでもバーチャルな存在であり、何度も繰り返すように、現場に実際にあったはずのいろいろな要素をごっそり削ぎ落としてしまっている。同じ場所にいて同じ時間に同じものを一緒に体験しなければ、本当は共有できないものなのに、バーチャル化をどんどん進めてしまったのが今という時代でしょう。しかも今や多くの人が、人間は何でも疑似体験できるくらいに思っている。これはかなり「ヤバい」状況だと思うんだよね。

太田　でも、言葉というと限定されてしまうけれど、例えば物理なら数式や数字を使って表現するじゃないですか。これも一種の言葉でしょう。要するに自然現象を、何とか人間にわかる理屈を考えて、文字あるいは記号で表現しようとする。学問はそれをずっとやっているわけだけど、世の中のすべてのことをそれで説明できるはずがないってことは、学者の先生方が一番わかってるんじゃないですか。

山極　学問は抽象化するからね。科学というのは要するに抽象化なんですよ。現実の現象をあるモデルに還元して、そのモデルを逆にいろんな現象に当てはめてうまく説明できるなら、新しい理論が成立したことになる。理論というのは抽象化であり、一方で現実に起こっている事態はあくまでも具象だから、抽象化の枠の中に収まりきらない現象も当然出てくる。科学というのは、自然現象や人間行為の奥に潜む何らかの共通事項なり原則なりを求めるものであって、決して万能の説明書ではない。

太田　でも、先生としては、「この理論で全部が説明できるんだ！」と思っていないと、学者なんてやってられないんじゃないですか。

問いを立てる力

山極　確かにそのとおりなんだけれど、人間が本当に感動するのは、抽象ではなくあくまでも具象なんです。そこで大切なのが、ある現象と出会ったときに、一体これは何なんだろうという問いを頭の中に立てることですよ。

太田　というと？

山極　ゴリラと人間の決定的な違いは、問いを立てることです。それこそ言葉を持つ前から、人間は問いを立てていたはずで、問いを立てる力は想像力につながっている。自分がこれまで見てきた世界を頭の中でいくつも組み合わせることで、人間は問いを立てられるようになった。記憶の中にあるバーチャルな要素を、目の前の現実に当てはめて、考えるようになったんだね。おそらく最初に問いを立てたのは、食物の分配の場面だったと思うんですよ。

太田　食べるものをどう分け合うのかということですか。それを考えるのに、想像力が必要だったということ？

山極　そう。猿は決して食物を分け合わない。当たり前の話で、自分が食べているものを別の猿に取られたら嫌なわけでしょう。だから猿が食事をするときは、群れの仲間がばらばらに散らばって食べるわけですよ。猿の食べ物は熱帯雨林に豊富にあるから、それで何も問題は起こらない。むしろ食べるときはお互い邪魔にならないよう分散しましょうという話です。しかも、木の上では体重の重いものが不利になるから、食物を獲得する上で体力的な強い弱いはあまり影響しない。

太田　ところが人間は、猿とは違うわけですね。

山極　そうです。人間は熱帯雨林を離れて地上で生活するようになった。すると食べ物が一気に少なくなり、長い距離を歩いて食物を探し、みんなで分配しなければならない状況に陥った。しかも単純に分配するのではなく、遠くから食べ物を運んできた上で分けるんです。食べ物を取ってきて、仲間と分け合って一緒に食べる。これが類人猿と人間の決定的な違いで、類人猿は食べ物がある場所で食べる。ところが人間は食べ物を運んだ。直立二足歩行するようになり、手が自由になって食べ物を運べるようになったのです。

想像力が人を進化させた

太田　一緒に食べることで仲間意識も芽生えたわけですね。

山極　食料を待っている人間は、その食べ物がどこでとられて、どういう状態になっているかわからないから、仲間を信じるしかないし、目に見えない仲間の姿を想像するしかない。食べ物の量は限られているわけだから、どうやって分けるんだとか、誰がたくさん取るんだとか、いろいろな思惑が走るわけです。仲間内での思惑をめぐっては各自がそれぞれに想像力を働かせて、最終的には食べ物をめぐる力関係のようなものが成立する。

食べることは今だって、世界中の誰にとっても一番大切なことでしょう。なぜなら人間は猿と同じように、毎日何回か食事をしなくては生きていけないからです。その食べるという行為を社会的な場で行うようになったからこそ、人間は猿や類人猿とは違う世界に飛び抜けられたと思うんですよ。食べ物をめぐって想像する能力が育まれ、この想像力をさまざまな形に広げていったのが、人間の進化の道筋だと思うんですよね。

太田　その想像力が問いにもつながったのですか。例えば、この食べ物はどこでとってきたんだろうとか。

山極　そうです。どのくらい遠くまで行ったんだとか、そこに危険はなかったんだろうかとかね。こうした想像力は人間だけが備えている能力で、ゴリラやチンパンジーにとっては、今目の前にあることが世界のすべてなんですよ。

太田　人間だけが、今ではなく、ここでもないところで起こることを想像できるようになった。まさに時空を超えたわけですね。

山極　ゴリラやチンパンジーにとっては、たとえ数日間でも目の前からいなくなってしまった仲間は、死んだものとして認識されるんです。実際には死んでいなくて、何日かして元の仲間のところに戻ってきたとしても、以前と同じような仲間としては決して認めてもらえない。毎日出会っていることこそが仲間である証拠で、そこには非常に強い紐帯《ちゅうたい》がある。けれども、その紐帯は不在によって簡単に失われてしまうわけです。

太田　人間にはそれこそ想像もできませんね。

不在を埋め合わせる能力

山極　人間は不在を埋め合わせるコミュニケーションの方法を持っているんです。しかも、物に特定の意味を象徴させて、それを理解することもできる。例えば父親が出張に出かけて長い間留守にしていても、家には父親の服や靴などの持ち物が残っているし、夕食の場では父親の席があるじゃないですか。だから、その場にいなくても父の存在を認識できる。これが人間ならではの想像力なんですよ。

食べ物の話に戻るならそれをとりに出かけた仲間の存在は当然意識しているし、きっと食べ物を持って戻ってきてくれるはずだという信頼感も抱いている。ゴリラやチンパンジーの場合、仲間が目の前からいなくなったら死んだものとして仲間としての扉を閉ざしてしまうのに対して、人間は扉をずっと開けておくことができる。これはかなりすごい能力だと思うんですよ。

太田　人間の場合、死んでも必ず戻ってくると、お盆のときに言ってますからね。

山極　だからお盆のときには、亡くなった人の分まで食事の用意をしますね。そしてお盆の間は、死者と一緒に暮らしている感覚になり、お盆が終わるとまたお見送りする。死んでもその人の魂は生き続けるという感覚を持っているのですね。

太田　それを聞くと、おやじの葬式を思い出しますね。親戚が集まってきて、おやじの亡《なき》骸《がら》を見ながら、「みんな来てくれたよ」と話しかけたりして。「ほら、きっと三郎さん笑ってるよ」みたいに、勝手なことも言ったりするんだけど、これっておやじが生きていたときの付き合いの延長線上にある話で、実際には死んでいるにもかかわらず、想像力で話ができたりするわけですよね。

自分の家の前の掃除をしない人々

山極　そういう付き合いがある一方で、これはある地域で聞いた話なんだけれど、近年、移住者が増えているそうです。都会に比べれば暮らしやすいからといってね。ところがそういう移住者たちの中には、自分の家の前を掃除しない人もいる。昔から暮らしている地域の人たちからすれば家の前を掃除するのは当たり前になっているから、自治会などで集まったときに「あんたの家の前は汚いね」と指摘する。すると言われたほうは、「道路は公道でしょう。そこを掃除するのは自治体の役目のはずで、そのために税金を払っているんじゃないですか」などと言うそうです。

太田　理屈は確かにそうかもしれないけれど、ちょっとオイオイって話ですよね。

山極　これは、「家」に対する認識が、どんどん変わってきている証拠だと思う。町並みとか地域を意識して、家を建てる人が少なくなりましたね。そもそも都会では土地代が上がったこともあり、借家住まいやシェアリングが当たり前になっていて、「自分の家」という感覚が失われつつある。無理して家を建てたとして、それを子どもたちが継いでくれるとも限らないわけだしね。

家は時間をかけて根付いていくもの

太田　昔ながらの近所付き合いなんてのもなくなってきてますよね。

山極　そうなると仮に家を建てるとしても、地域でのつながりは希薄になる。その背景には建築業界の変化もある。昔は家といえば大工さんや左官屋さんや畳屋さんたちが共同作業でつくるものだったわけだけど、今は建築会社に頼んだら設計図どおりに業者が部品を組み立てて、ハイ一丁上がりみたいな感じじゃないですか。周囲の人からすれば、どんな家ができて、どんな人が引っ越してくるのかがさっぱりわからない。

本来、家はそういうものではなかったはずなんです。家を建てるときには棟上げ式があって、そのときには近所の人を集めて餅をまいたりして、こんな家ができますよとご近所さんにお披露目する。家ができてからの近所付き合いこそが大切で、家は時間をかけて地域の中で根付いていくものだった。そこで育つ子どもたちは近所を遊び歩きながら、いろいろな人たちのうわさ話を聞いて育ったわけでしょう。

太田　少なくとも都会に暮らしていると、そんな開放的な光景を目にすることはまずありませんね。どこの家も閉鎖的というか、みんな家の中に閉じこもっているというか。まあ、引きこもりには都合のいい環境と言えるのかもしれないけど。

山極　冷暖房完備だから家の中にじっとしていれば快適だけれど、室外機の前は熱気でたまらない。そしてちょっとでも騒音を立てようものなら、ただちに「うるさい！」と苦情が飛んでくる。ちょっと大げさかもしれないけれど、これは社会のつながりを根底から崩していく仕組みじゃないかと思うんだよね。

太田　その話で思い出したのが、以前あるテレビ番組でアメリカ人と討論になったときのことですね。自衛隊を軍隊にすべきか、憲法を変えたほうがいいのかといった議論をしている中で、そのアメリカ人は「あなたね、じゃ自分の家に強盗が来たらどうするんですか」なんて言う。俺は「強盗なんか来ねえもん」って言ったんだけど。アメリカ人からすれば身を守る手段は欠かせないわけで、だから「銃を持て」というわけです。けれども、いったん銃を持ったら、二度と手放せなくなると思うんだけど。

アメリカ型の家は理想か？

山極　家についても、アメリカと日本では大きな違いがありますね。僕は、日本の家の基本は長屋だと思うんですよ。京都によくあるような、隣の家と壁でくっついているような家ね。長屋では基本的に持ち物が少ないから、守るものもほとんどない。それこそちゃぶ台だって、どこかから借りてくるみたいな暮らしですよ。ところがアメリカはパイオニアの世界だから、自分が蓄財したものを自分で守らなければならない。防御をがっちりと固めるのが、アメリカンドリームを成し遂げた人間がなすべきことで、そうするとプール付きの大邸宅を構えるのが理想になる。

太田　その感覚はなかなか理解できないですね。だから「銃を持って守れ」という発想になるんですね。

山極　建築家の隈《くま》研吾さんが言っていましたが、アメリカのあの邸宅主義とでもいうものを成立させた要因が二つあるというんです。一つは郊外型の邸宅を建てられるだけの土地が空いていたこと、もう一つが郊外から都会に働きに行く手段として自動車が普及したことだと。

太田　だとすれば、日本とは前提条件がまったく違いますね。

山極　にもかかわらず、そのアメリカ型の暮らしの理想を戦後の日本は、そっくりそのまま輸入しました。ただし日本には都会の周辺にそんなに土地が余ってないから集合住宅にならざるを得ない。しかも自動車なんて高嶺《たかね》の花だったから、満員電車に乗って都心に通うしかない。それが高度経済成長の原動力になったのは確かですが、アメリカ型の住まいを日本人が持つべき夢のように語った結果が、現在の妙な姿につながっているような気がします。

繰り返されようとする新興住宅街の悲劇

太田　日本の歴史を振り返ってみれば、明治維新で伝統がいったん分断されましたね。そして欧化主義に走った。さらに太平洋戦争で負けたことによって、もう一回日本の伝統が分断されました。明治以降、二度も伝統が分断されているんですよね。

山極　戦後の経済発展だけに注目しがちだけれど、今、振り返るべきは、明治維新によって引き起こされた日本の精神構造のドラスティックな変化と、それに伴う暮らし方の変化だと思います。住まいについてもう一点指摘しておくと、人口が増えて都会に集まってきたときに新興住宅街を造った。ここでも大きな思い違いをしていて、新興住宅街を未来の理想的な住宅街だと思い込んでしまった。実は僕自身も国立市《くにたち》（当時は町）の新興住宅街に育ったんだけれど、かつてニュータウンと呼ばれていた場所で今、何が起こっているかといえば、同じような年代の人たちが、同じような経済状況で一斉に年をとることによって生まれる悲劇なんですね。

太田　みんなが幸せだと信じていたはずの、憧れのマイホームを手に入れた結果が悲劇ですか。それはちょっと聞き捨てならないな。

山極　だってね、みんなが同じように年をとり、子どもたちは一斉に巣立っていって誰も戻ってこない。そうなると公共施設を維持することが難しくなり、最後は幽霊屋敷のような家がたくさん残る。京阪神にも東京周辺にも、そんな場所がいっぱいありますよ。
そこで気になるのが、今、政府が「ソサエティ5・0」などと言って予想している未来のＩＣＴ、ＡＩ社会なんです。老齢者ばかりになっても、ロボットと情報通信機器で労働力は補えると考えている。しかし、若い世代や子どもたちの消失は労働力だけの問題ではない。

太田　新興住宅街の悲劇が、もう一度、近未来に繰り返されるおそれがあると。

山極　そうです。コミュニティを作るのは人間であり、異なる世代が、多様な価値観を認め合うことが豊かさにつながるんです。新興住宅街のように同じ価値観で統一したために起こった失敗を繰り返してはならない。そう考えるとＩＣＴはいいことずくめではない。現に、ＳＮＳ上では、同じような価値観の人だけがつながりやすくなっている。多様な意見を調整することは、現状のＩＣＴには難しいと思います。使い方を間違えると非常に危ういと思いますね。

「型」を失い始めた日本

山極　日本には一年中、たくさんのお祭りがあります。お祭りになれば和服を着て、髪を結って、草履を履いて見物に出かける。お供えをして、特別な料理を作って親しい人を呼んで集まって食べて騒ぐ。いわゆる冠婚葬祭は、日本では一年を通していろいろな行事としてちりばめられていて、日本は「型」の文化の国と言ってもいい。型を体現する人がいるからこそ、立ち居振る舞いというか日本ならではのしぐさの文化が継続されてきた。日本人は型に当てはめて振る舞ってきたから、あえてルールを表面化することもなかった。

ところが型を失い始めると、明示的なルールを作らないとやっていけなくなるんです。たぶん今はその端境期で、あちらこちらで型が崩れ始めているから、その代わりにどんどんルールを作っていかなければならない。これが今の日本で閉塞感が大きくなっている理由の一つだと思いますね。

太田　型を捨てるにしても、きちんと自覚して捨てろと思うんです。これまで守り続けてきた型を、俺たちはもう失ってしまうんだぞという、そういう覚悟がはっきりしていれば、それは我々の選択だから仕方がないことじゃないですか。ところが、今のまま、なし崩し的に進んでいくとどうなるんだろうと思いますね。例えば比叡山《ひえいざん》で千日回峰の修行がありますよね。九日間飲まず食わず、寝ることもせずに修行して阿闍梨《あじゃり》になるという。あんな神聖な儀式さえも禁止するなんて話になるんじゃないか。

山極　儀式という意味では、和風の建築物では障子やふすまの開け方一つ取ってみても、礼儀作法があったんです。昔の習い事、例えばお琴や三味線、踊りなんかでは、和室における立ち居振る舞いが自然に教え込まれていた。和服は洋服よりも動きに制約があるから、歩き方から気をつけないといけない。そんな中で自然と作法が身につくわけです。

僕は衣食住が大切だとよく言うんだけど、衣が変わり食が変われば住まいも変わる。そうなると身体の外から規制してくれるものが何もなくなる。すべて頭で考えなければならなくなる。これは一見自由で楽なように見えますが、実は型にはまっているほうが楽なんですよ。

太田　下手するとそのうち、「子どもに正座をさせちゃならない。虐待だ！」なんて言い出しかねない。

山極　僕は、老人の服装がトレーナーに変わってきたころから怪しいなと思い始めたんです。美しい老人、見ていて憧れるような佇《たたず》まいのご隠居さんが、昭和の時代まではいたんですよ。着物の着こなし方がカッコいいし、趣味のたしなみ方も見事な人たちがいて、お祭りや儀式を仕切っていた。そんな姿に子どもたちが憧れて、自分も年をとったらあんなふうになりたいと思って育った。

太田　確かにそうですね。今はなかなか見かけなくなりましたけど。

山極　今、老人たちはみんな、惨めになってますよね。もちろんそれは、彼ら、彼女らのせいとも言えないんだけど、服装も型も崩れてきて、弱々しく見える。若者と同じ服装をして張り合っていたら、見かけで劣るのは当たり前です。けれども少子高齢化社会では、高齢者の果たす役割はとても大きいと思うんです。昔の美しいものを知っているのはこうした人たちなんだから、高齢者がもっと美しくならないといけない。まぁ、そのあたりが京都ではまだ守られていると思いますが。

太田　そうか。型が失われると、憧れの対象もいなくなると。言葉の暴走から、型の喪失まで、今の日本がおかれている状況が見えてきた気がしますね。

第三章
ケンカの目的は和解にある

対話とディベートの決定的な違い

太田　前にも話題に出ましたけど、天文学の小山先生と俺が大ゲンカになったとき、印象に残った言葉があるんです。それは、小山先生が「君とはもう話にならん！」とおっしゃったんですね。でも、俺はただ小山先生と何とかわかり合おうとしたかったんだけど……。そこで気がついたんですが、昨今の言葉の応酬は、何でも勝ち負けに持っていこうとしている。いわゆるディベートですね。でも、今こうやって先生と話しているのは対話だと思うんです。

山極　勝ち負けを競っているわけじゃないからね。会話を楽しんでいるというか、太田さんの話に刺激されて発想が広がっている。これが対話のいいところでしょう。

太田　実際のところ、先生と俺はたぶん微妙に意見が食い違っているんだけど、そこを一生懸命、それこそ、この場の空気をお互いに感じながら話を楽しんでいる。ところがネット上で行われている議論は、あくまでも理屈の勝負でお互いに証拠を突きつけあって、どっちの勝ちみたいな話にしかならない。本来、議論というのはお互いにわかり合うという共通の目的がないと、意味がないじゃないですか。俺が何のために先生と会話してるのかっていえば、最終的には先生と「セックス」したいわけですよ、究極のところ。

山極　それはかなり過激な意見だな（笑）。

太田　セックスはものの例えで、なんといえばいいか、要するに、「交わり合いたい」。人と対話するというのは、そういう側面があると思います。でも今は表面的な言葉だけが暴走しているように思えて仕方がない。インターネットでの言葉の応酬も、最終的な目標として、わかり合いたいという思いがないから、収拾がつかなくなっている。

山極　そうですね。白黒つけるのが目的ではない。当たり前のことなんだけど、そのことがあまり意識されていないように思うね。今こうやって相対して話をしているのは、わかり合うための対話、ダイアローグです。

太田　そうです。

本来、戦いの目的は勝ち負けではない

山極　一方でディベートはある種、戦いです。勝ち負けをはっきりつけるということです

ね。僕は、ダイアローグとディベートって暴力の捉え方に似た側面があると思う。そもそも人間の戦いというのは、和合するためにあったんです。

太田　それは初めて聞きました。和合って、要するにお互いがわかり合うってことでしょう。そのために戦うの？　相手をやっつけるためではなくて？

山極　関野吉晴《せきのよしはる》さんという探検家がいるんですが、彼が南米で狩猟採集民の中に入っていって聞いた話を教えてくれたんです。狩猟採集をしている人たちは、争いになると当事者が人々の前で殴り合う。最終的に倒れたほうが負けになるわけで、そこまでは戦うんだけれど、決してお互いに相手を殺そうとしているのではないという。それぞれが力を発露することによって、最終的に目指されているのは納得し合うことだというんです。

太田　なるほど。

山極　僕が学問を始めたころは、戦いについて大いなる誤解がありました。人間は狩猟を始めるようになって武器をつくり、今度はその武器を使って人間同士が戦い始めたという説です。だから狩猟採集民はものすごく攻撃性が高く、農耕民や都市で暮らしている人たちと比べて殺し合いをする頻度が高いに違いないと考えられていた。これが一九六〇年ごろの話です。ところがシカゴで狩猟採集民学会が開かれて、いろいろ調査事例が出てくると、実は狩猟採集民はほとんど殺し合いなどしないことが明らかになってきた。さらに、京都大学の私の先輩たちがアフリカのピグミーやブッシュマンと呼ばれる狩猟採集民の社会を調べると、戦いをあらかじめ回避するために、権威者をなるべく作らないような工夫をしていることがわかってきた。彼らはむしろ平和主義者なんだね。

太田　それはとても意外な気がしますね。狩猟をする人たちって、いかにも気の荒そうな人という気がするけど。

山極　でもね、狩猟をやる動機と人間同士が戦う動機はまったく違うんです。狩猟は経済行為だから、いかに安全かつ効率的に動物を殺すかを考えて武器がつくられるわけです。ところが人間同士が戦い合うのは、効率よく相手を殺すためではなくて、もともとは和解するためなんです。戦ったほうが、お互いをよく理解できる。何かの歌にもあったと思うけれど、ケンカしたほうが互いの絆《きずな》は強くなる。それを誤解してしまった典型的な例が、ベトナム戦争なんだよね。

太田　アメリカの兵隊が、わざわざベトナムまで行って殺し合いをする。まったくおかしな話ですよ。

メンツを保って引き分けるゴリラの戦い方

山極　ベトナム戦争は、アメリカ政府がフットボールの試合のような感覚でアメリカの若者をベトナムに送り込んだわけです。そして戦地に出向いた人たちは、それこそゲーム感覚で戦いをした。ところが、自分たちが実際に人を殺してしまう現場に立ち入った時点で、大きな恐怖に駆られた。だから戦場から離脱する人や精神的におかしくなってアメリカに逃げ帰る人が後を絶たなかった。

太田　それで、あれだけ物量面で差があったのに、最終的にアメリカは負けた。

山極　そうです。そもそもアメリカの考え方が間違っていたわけです。人間が戦うのはあくまでも平和を求めるためであって、スポーツをするような感覚で殺し合いをするというのは、決して人間本来の戦い方ではない。平和を実現するためには、お互いが主張し、力を出し合った上で、勝敗をつけずに共存できる和解点を見つけなければならない。こうした戦いに関する考え方を僕はゴリラから学びました。

太田　ゴリラは戦うんですか？

山極　そうです。ゴリラも戦うんです。けれども必ず誰かが仲裁に入って、お互いがメンツを保ったままで引き分ける。ゴリラはメンツをとても大切にする生き物で、オスはもちろん、メスや子どもにもメンツがある。そんなゴリラ同士がケンカを始めると、必ず誰かがケンカを止めに入る。そのために仲間がいる。そして仲裁者が入れば、すぐに引き分けになる。だから戦いがエスカレートしない。戦いとは本来、そういうものではないかと思いますね。

太田　だとすれば、人間はいつから相手を徹底的にやっつけるようになったんですか？今の戦いって、相手を完膚なきまでにやっつけないと気が済まないみたいな感じじゃないですか。

山極　それこそ、言葉のせいだと僕は思うんです。比喩というテクニックを人間は考え出してしまった。比喩とは、相手をまるで人間ではないかのように見立てる言葉でもあるわけです。例えば「狼《おおかみ》のように残忍なやつ」だとか「豚のように汚れたやつ」などと言ったりする。相手を人間以外の動物に例えてカテゴライズすることにより、徹底的に滅ぼしてしまっても差し支えのないものと見なすんだね。

太田　人間は言葉で考える生き物だから、比喩なんてものを考え出したために、人間を人間とも思わなくなったと。俺も、言葉を使って商売する身だから、言葉の恐ろしさのことはいつも考えています。

人を攻撃する武器になった言葉

山極　言葉というのは本来、あらゆる手段を駆使して和解を求める上で最良の手段だったはずです。ところが、それが今では一方的に相手を傷つけ、相手の言うことも聞かずにひたすら罵り倒すような手段になってしまっている。ただね、今ここで僕と太田さんが話している中で「お前なんか殺してやるわ」と言っても、それは冗談でしかないことをお互いに了解しているじゃないですか。

太田　もちろん、本気だなんて思いませんよ。

山極　ところが顔の見えないネットの世界で「お前、いつか殺してやるから覚悟しとけよ」なんて言葉を突きつけられたら、急に恐ろしくなるでしょう。

太田　前にも言いましたが、2ちゃんねるで「太田、死ね」という書き込み連打を見たときは、本当に身の危険を感じましたよ。

山極　それは、生の言葉が本来備えているさまざまな要素が削ぎ落とされてしまい、単なる記号に過ぎない文字になってしまった怖さなんですよ。これはもう、ある意味で武器です。言葉が和解の手段ではなく、人を傷つける武器になってしまった。

太田　繰り返しになりますが、子どものころから、そんな世界が当たり前になっている今の若い人たちは、どんな感覚なんだろう。それを考えると、ちょっと恐ろしくなりますね。

自然に育まれた日本の言葉

山極　言葉を使って相手と共感し合うためには、常に言葉を補うものが必要なんですよ。以前、ドナルド・キーンさんに京都大学に講演に来てもらい、その後、対談させて頂きました。そのときにキーンさんがおっしゃった言葉がすごく印象に残っているんです。彼は一九五三年から一九五五年まで京大に在籍していました。その間に日本文学などを学んだ彼は「京都というのは、世界でも稀有《けう》な都市である」と言った。なぜ稀有かといえば、京都では平安時代の暮らしがモノとして生活の中に溶け込んで残っているからで、京都のような都市は他にないと言うんだよね。

太田　そうですか？　世界には、ローマみたいに二〇〇〇年前の遺跡が町中に残っているところもあるじゃないですか。

山極　確かにそうなんだけど、では今のローマの人たちの生活の中に、二〇〇〇年前の暮らしぶりが残っているかといえば、それはない。パリだって古い建物が残っているけれど、人々の生活は昔とはまったく違うでしょう。ところが京都は、普通の家の庭にも一〇〇〇年前と同じ風習が残っていたりする。なぜそんな昔の習慣がいまだに残っているのかは、誰もうまく説明できない。何が廃れて一方では何が連綿と続いてきたのかを、地元の京都の人も自覚していない。けれども外国の人の目にははっきりと見える何かが、そこには確かにあるんですよ。京都人に身体化している風習と言ってもいいかもしれない。

太田　なるほど。

山極　もう一つキーンさんの話で印象に残っているのが、彼が俳句を英訳しようとしたときに、音の巧みさに気がついたというんです。

太田　というと？

山極　松尾芭蕉《ばしょう》に、「閑《しずか》さや岩にしみ入る蟬《せみ》の声」という句がありますね。これを読んだとき、キーンさんには蟬の声が聞こえてきたんだそうです。つまり「シズカサ」「イワ」「シミイル」「セミ」と「イ」の音がいっぱい入っている。蟬が「ミィ〜ン」と鳴く音が聞こえてくると言うわけですよ。この俳句は音も表現しているとキーンさんは言った。

太田　その解釈は初めて聞きました。でも、言われてみればこの句を読んだときに、蟬が鳴いている情景が浮かんでくるのは、そういう音の仕掛けがあったからかもしれないですね。

山極　我々は、こうした理屈を知らなくても、子どものころから蟬が鳴く風景を体験として覚えているから、俳句の言葉を聞くと、すでに頭の中にインプットされている風景に重なる。だから芭蕉の俳句を読むと、そこに詠まれた情景をすぐに思い浮かべることができる。

「夏草や兵《つわもの》どもが夢の跡」には「オ」の音、つまり「Oh!」が入っているから、感嘆の情が伝わってくると。これもキーンさんが言っていたことです。芭蕉は一つの俳句を何度も何度も作り直していたそうです。芭蕉自身はおそらく、意図的に音を表そうと思っていたわけではなくて、自分が現場で引き起こされた感情をいかに句に込めるかを考え尽くした結果、無意識のうちに音を使っていたのでしょう。そうやって作られた句が、日本語話者ではないキーンさんには、音とコンコードしているのがわかった。

太田　それは興味深い考え方ですね。日本で育った人には、その情景が自然に浮かんできて、そのときに立ち上がる感情も、すっと理解できるんだけど、アメリカ人であるキーンさんが分析した結果、実は音が鍵になっていたと。

山極　日本の言葉は背後に風景を抱えていたんです。だから日本の自然が、知らず知らずのうちに我々の日常会話の中に忍び込んでくるわけですよ。そのため歌や俳句を読むと、意識せずともそこに詠まれた自然の情景が頭に浮かぶ。そして想像力を働かせて、自然以外の社会関係にも応用しながら情緒を育んできた。キーンさんは、京都の町中にある庭や神社やお寺などからは、言葉を使わずとも読み取れる何かがあると言った。昔の人が作ったものに触れることによって、膨大な時間の流れを超えて伝わってくるものに気持ちを動かされるのでしょう。

太田　日本では、モノには何かが宿っていると考えますよね。だから三種の神器が大切にされ続けてきたわけです。天皇陛下の代替わりの儀式を見たときに、日本人は何か日常とは違う感覚を持つ。それは型に対しても同じではないかと思います。言葉はなくても、その型を通じて、俺らは何かを確実に受け取っている。言葉を超えた何かを。

感情を込めても伝わらない

山極　型は信仰ではないんですよ。しかしキリスト教やイスラム教の世界では、型、つまり特定の動作は何らかの意味を持ち、常に信仰に結びついている。これに対して日本では茶道、華道など「道」というでしょう。そこには作法があり、型がある。この場合の型とは、言葉を使わずに何かを伝える仕組みなんです。空手や剣道などの型でも、型を通して心の有り様を伝えているのです。だから皇位継承の式典で、天皇陛下が言葉を何も発することなく、じっと立っている姿を目の当たりにするだけで、我々は古来連綿と続いてきた何かを感じ取ることができる。

太田　俺は、型というと演劇を思い出しますね。大学時代に、演劇をやっていたんです。

若い役者にありがちなんだけど、役作りには感情が大切だと思い込んでいました。自分が演じる人物が、今どんな気持ちなのかを想像して、感情移入しなきゃいけないと考えてしまうんです。

山極　芝居の世界はよくわからないけれど、感情を込めて演技するのは大切なことなんじゃないの？

太田　実はそうではないのです。そのころ、名優が書いた演技論を手当たり次第に読み漁《あさ》っていたんですが、日本に限らず、イギリスのチャップリンまでもが「感情を優先させるな」と諭している。大切なのは「感情」なんかじゃなくて「型」なんだと、しつこいぐらいに書いている。要するにお前の感情なんて、お前だけのものなんだから、そんなちっぽけなものを優先させるなと。そんなことしたら、芝居全体が崩れてしまうというんです。

日本の伝統芸能でいえば、能や狂言、文楽なんかが典型的ですが、お面をかぶったり人形に演技させたりして、役者から表情を奪っているでしょう。これも、「お前の表情なんていらないんだ」ということだと思うんです。それよりも古来伝えられ、守られてきた型、しぐさを大切にしろと。型に則《のっと》ってきちんと動けば、感情は自然にそこに入り込むものだという。ところが若い役者ほど自分の感情過多の芝居になってしまい、それは結局のところ独りよがりでしかない。そうなると、結局、誰にも何も伝わらない。

山極　なかなか深い話だね。確かに、型の本質を言い得ているように思います。

太田　天皇陛下がやっていることも、神社で神主さんがやっていることも、型ですよね。俺からすれば、それはもう「思考するな」と言っているのに等しい。思考なんてのは、お前一人のものでしかないけど、型は何百年も受け継がれてきたもので、そんな重みと深みのあるものに、たった一人の人間の思考が太刀打ちできるはずがない。

リーダーは背中で語る

山極　型といえば、ゴリラにも型があるんです。それも学んで身につけるのではなく、生まれつき持っている型です。ゴリラの中でもでかいオス、背中が白い毛で輝いているからシルバーバックと呼ばれるんだけど、シルバーバックの動きには明らかに型がある。例えば先頭を歩くときには、絶対に後ろを振り返らない。振り返ったらダメなんです。一方でメスや子どもはしょっちゅう後ろを振り返ります。これは弱さを意味する。

若いオスのゴリラが一人で修行に出かけて、数年後に無事に修行を終えてメスたちが加わり、群れのリーダーとして認められると、必ず先頭に立って歩くんです。そして絶対に後ろを振り返らない。まれに身体に傷を負ってみんなと一緒に歩けない子どもがいたりすると、その子がちゃんとついてくるかどうかを確かめたりはするんだけれどね。振り返らないのには理由があって、お前たちが俺の後ろについて来ていることを、俺はわかっているんだという強さの証明なんですね。もちろんゴリラが型を意識しているわけはなく、あくまで本能でやっていることだけれど、我々から見れば型としか思えない。

太田　見よう見まねで身についたものではなく、すでに本能として組み込まれているというのが面白いですね。

山極　ゴリラにそんな資質が備わっているなら、人間はどうなんだって思うでしょう。以前、京都市立芸術大学で学長を務められていた鷲田《わしだ》清一《きよかず》さんから聞いた話なんだけど、パナソニック創業者の松下幸之助さんは、新入社員の資質をその人の背中を見て判断していたそうです。リーダーになる人物は背中で語っていると。

太田　じゃあ、猫背の俺なんか絶対無理だね（笑）。

山極　おそらく、猫背とか、見た目の問題ではないと思いますよ。もちろん背中がしゃべるわけじゃないけど、しぐさでわかるそうです。この人についていけば、何かいいことがありそうだと思える背中がある。シルバーバックは間違いなく、そんな背中をしているし、人間も同じような感覚を持っているんです。

歌舞伎の「勧進帳」に出てくる弁慶も、ここ一番の見得を切っているときは背中で語っている。だから剛力姿に身をやつして背後に隠れている義経に「私に任せて安心していてください」と伝わる。このシーンだけは、日本語がわからない外国の人でも直観的に理解できるんじゃないかと思います。なぜなら、背中で語るのは人間としてごく自然な行為なんです。つまり言語の違いを超える、世界共通の行動文法を人間は持っている。どういう場面で、どういう型を演じなければならないか。人間は、型の演じ方を生のコミュニケーションを通して身につけてきたと思うんです。

生身の体験でしか型は身につかない

太田　やっぱり生のコミュニケーションは大切ですね。だからこそ、スマホのテキストメッセージだけをやり取りしている今が、いかにヤバい状況かがわかる。

山極　そう。スマホを使ってインターネットだけで会話するなら、型なんていらない。テキスト、つまり表意的な言葉だけでいいんだから。

太田　主従関係で考えるなら、本来は言葉は従だったわけでしょう。言葉はあくまでも補助手段でしかなかったわけで、対面しているときの動きの型が主だった。

山極　日々、演劇をしているようなものだったでしょう。人々の演技は型で、瞬間芸のようなもの。子どもたちも毎日、型を見ながら学んでいた。今の子どもたちに道徳感覚が身につかないのは、人間が本来備えるべき型を見て学ぶ機会を失ってしまったからだと思います。インターネットで型を学ぶことは難しいでしょう。自分が身をおいている現実の中で、まさに目の前で型を演じられない限り、型を身につけることはできない。いくら言葉だけで教えようとしても、型は絶対に身につきませんよ。

日本文化は「述語文化」

山極　型と言葉については、日本語の特殊性も関係していると思いますね。

太田　主語を省略するということですか？　背中を見ればわかるというなら、いちいち「俺が」なんて言わなくてもわかるだろうと。

山極　哲学者の西田幾多郎がかつて「日本文化は述語文化だ」ということを言った。つまり主語がなくてもわかるんですよ。これに対して欧米の文化は徹底した「主語文化」です。「I」「We」「He」「She」などの主語からじゃないと文章は始まらない。ところが日本では「こんなふうになったんだね」「そういうことなんだよ」みたいな、主語がない会話でも意味が通じてしまう。

主語の曖昧さといえば、日本には巻物がありますよね。あれは右から左に向かってストーリーがずっと流れている。それもずっと続いているから、眺めているうちに、誰が主人公なのかがわからなくなる。時間が移り変わり、登場人物がいる空間も変わっていくうちに、主人公が入れ替わったりする。そういうストーリーを日本人は楽しむことができた。文楽でも、黒衣《くろこ》さんが人形を操っていますよね。日本人は、あの黒衣さんを無意識のうちに見えない存在にできるんだけれど、海外の人からすれば黒衣さんが気になってしようがないそうです。黒衣さんがいる限り、演技しているのは人形ではなく、黒衣さんだと思ってしまう。

太田　なるほど。

山極　文楽を見ていると主人公や悪役、悪役にいじめられる娘さんといろんな人が出てくるわけで、見ている人はその誰にでも感情移入ができる。どの人物も主人公のように受け入れられるのが、日本の劇の面白さではないかと思います。ストーリーの中であえて英雄を際立たせないような作り方をしている。

太田　その感覚はなんとなくわかりますね。表には出てこないけれど、グループを陰で支えている存在、いわば黒幕みたいな人もいますから。

述語文化の陥穽《かんせい》

太田　日本人は話すとき、いちいち「俺が俺が」と言わない。それは美徳でもあると思うものの、行きすぎると個の埋没になる。戦中期、いわゆる「滅私」を盛んに言ったじゃないですか。「俺が俺が」主義とは反対の「滅私」は、一歩間違うと「お国のために何でも右へ倣え」と突っ走ってしまう可能性がある。その結果が太平洋戦争です。そのことが、日本にとっては大きな傷として残っている。

山極　敗戦が我々の精神の根幹に大きな傷を残しているわけだね。

太田　靖国《やすくに》神社に眠っているA級戦犯に戦争の責任を押し付けて、日本は平和主義の国ですなんて言ってるわけでしょう。もちろん、A級戦犯の罪は重いと思いますよ。でも、大勢に同調した無数の人々がいたわけです。よくそんなにころっと変われるなと俺なんかは思うんです。原発にしても同じことが起こっていて、福島第一原子力発電所が津波でやられる前までは「夢のエネルギー」なんて言ってたわけじゃないですか。それが今では悪魔の使いみたいに言われる。それはそれで、あまりにも付和雷同じゃないですか。つまり、日本人は確かに、「俺が俺が」と言わないかもしれないけれど、そこにも危険なところがあると思うんです。何かあれば集団で一つの方向に突っ走ってしまうということです。

山極　それは非常にわかる話ですね。主語をはっきりさせない述語文化というのは、要するに責任の所在をはっきりさせないことにつながりかねない。だからみんなが無責任になって、戦争については靖国神社に戦争の首謀者も犠牲者も合祀《ごうし》して、それで一段落というか、一件落着みたいな気分になっている。

太田　それでいいのかって話ですよね。

無責任な利己主義の蔓延《まんえん》

山極　歴史をさかのぼってみると、明治維新でも同じようなことが起きたんです。つまり攘夷《じょうい》を叫んでいた人たちが、ある瞬間からころっと態度を変えて開国を言い出す。こんな急な意識転換ってないわけで、どう考えても不思議で仕方ない。けれども、まさに日本の歴史が示すように、日本人は何かのきっかけで一瞬にガラッと変わる民族なのかもしれない。

太田　戦後にしてもそうですよね。ついこの間まで鬼畜米英みたいに言っていたのが、戦争が終わった途端に、神様みたいに崇《あが》めたりする。それまで使っていた教科書の都合の悪いところを墨で塗りつぶして、今まで間違っていましたとばかりにどんどんアメリカナイズされちゃったりして。

それで、滅私の反動が、戦後に出たんだと思います。集団意識に盲目的についていっちゃダメだ、もっと個人がしっかりしなくちゃダメだと。

山極　でもね、個人というのは自立していて、すべてを自分で賄う能力を持った人のことなんです。例えばアメリカと日本の大学を比べてみると、その違いがよくわかります。アメリカでは学生が高い授業料を払わなければならないから、自分でローンを組むわけですよ。授業料を収めてもらう代わりに大学は、学生の能力を高めて学生の将来の基礎をつくることを約束する。それを意識している学生が、日本にどれだけいるか。

太田　すみません。俺も一応大学に行かせてもらったけど、授業料払ってくれたのは親だし、自立なんてまったく考えませんでした……。

山極　もちろん太田さんを責めてるわけではなくて、日本ではそれが大多数を占めるのです。もちろん、そうでない人もたくさんいます。しかしマジョリティではない。成人しても親頼りでなかなか自立しない。そんな環境で育った日本の若者に個人主義を自覚させようとしても、そう簡単にはいかないでしょう。

太田　でも、戦後教育に個人主義の考え方が込められていたのは間違いないですよね。

山極　だからおかしなことになってしまったんです。日本で吹聴されている個人主義は、要するに無責任な利己主義です。今の世間に蔓延しているのは責任を伴う個人主義ではなく、単なる利己主義だと思います。みんな個人が大事、自分が大事だと訴えて自己実現はしたい、だからといって責任は取らない。自分の欲求に素直になるのはいいけれど、責任を取らない個人ばかりになってしまったのが今の世の中だと思うんです。この現状と比べるなら、太田さんの言う滅私を復活させて、つながりのある身近な人の期待に応えるために動くほうが、まだ日本人の良い部分をすくいあげられると思うんだけどね。

太田　俺もそう思います。ただ、それを理解してもらうのは難しいですよね。そんな意見をおおっぴらに口にすれば、まず国粋主義者だとか右翼と非難されますからね。

山極　滅私は日本人の持っている欠点である一方で、美点でもあったんですよ。ところが第二次世界大戦で、日本人のネガティブな面があまりにも発露してしまったので、今さらそこには戻れない。その時代に戻れないのなら、違うものを新たに作り上げるしかないよね。

武器を手にした人間

太田　日本人と欧米人の違いといえば、農耕民族と狩猟民族という見方もあるじゃないですか。狩猟採集民は、相手を殺すために戦うんじゃないって先生はおっしゃったけれど、それは間違いないことなんですか。

山極　学会レベルで確かな結論が出ています。しかし、その結論に至る前、一九五〇年ぐらいに、つまり第二次世界大戦が終わったころに骨歯角器文化を提唱し始めた学者がいたんです。

太田　コッシカクキ？　何ですかそれは。

山極　骨と歯、そして角を使った武器ですよ。人間同士が戦うための武器をつくり始めたのは、歴史的に見れば一万年ぐらい前のことで、そんなに古い話じゃない。狩猟生活といっても、槍《やり》をつくり始めたのが五〇万年ぐらい前だから、七〇〇万年の人類の歴史から考えればつい最近のことに過ぎない。鉄を使うようになったのは四〇〇〇年ぐらい前ですからね。それ以前に武器が出てこないのはどうしてか。それは歯や骨を武器として使ったからだと提唱した学者がいたんです。

太田　なるほど。歯や骨なら、遺跡から出てきたとしても普通は武器とは考えないですね。

山極　骨歯角器文化を言い出したのはレイモンド・ダートという先史人類学者なんだけれ

ど、この人は一九二〇年代に通称タウング・ベビー、つまりアウストラロピテクス・アフリカヌスという猿人を南アフリカで発掘して、これが人類の祖先だと提唱した人です。人類は骨歯角器を武器に使ったという彼の意見は何年も信じてもらえなかったんだけれど、第二次大戦直後に、頭骨に大きな穴の開いている化石を見つけたと言い出した。これこそは人間同士が殺し合った跡で、使われた武器はキリンの大腿骨《だいたいこつ》のような棍棒《こんぼう》として使える獣骨だったと言うんです。この学説を真に受けて、後に映画となるストーリーをアメリカの映画監督とイギリスのSF作家が書いた。

太田　その映画って、もしかして……。

山極　そう、アーサー・C・クラークとスタンリー・キューブリックが脚本を書いて、キューブリックが監督した「2001年宇宙の旅」です。

太田　じゃ、あの映画で印象的だった骨には、そういう意味が込められていたわけ？

山極　そうなんです。映画で描かれていたのは猿人の時代だから、まだ道具を持っていないわけです。そこに宇宙から黒い石板のような謎の物体「モノリス」がどんと降りてくる。それに霊感を感じた猿人の男が、そばに落ちていた動物の大腿骨を手に取って振り回してみる。するとわかったんだよね、これは道具として使えると。そして、その骨を使って狩猟することを覚える。

太田　猟に使えるんだったら、人をやっつけるのにも使えるという。

山極　そのとおりです。その後、水場をめぐって二つの集団が争いになったときに、獣骨を狩猟具にした男が、これは敵を撃退する武器になるかもしれないと気づいて、相手に向かって振り回してみた。するとこれが功を奏して、他の集団を大切な水場から駆逐し、水を独占することができた。このとき初めて、人間の集団の間に支配・被支配の関係が生まれた。これを「2001年宇宙の旅」では、人間の原罪として描いているわけです。この映画が公開されたときは誰も注目しなかったけれど、その背景になっているのはレイモンド・ダートが言った骨歯角器文化ですよ。

太田　この映画をみんな真に受けちゃったわけだ。要は猿人の時代から戦っていたんだと。要するに争いは人間の本性だと。

戦いは人間の本性なのか?

山極　まさにアメリカ的な考えだよね。人間は戦う本性を生まれながらに持っているのだから、戦いをやめることはできない。できるのは始まった戦いを何とか終わらせることだけだと。

太田　だからその戦いを終わらせるために戦争をするのはやむを得ないって理屈になるわけですね。戦争を正当化するのには、とても都合のいい考え方じゃないですか。

山極　ところが、日本の霊長類学はまったく違う発想から生まれたんです。霊長類学は、なぜ人間は第二次世界大戦のように無益な戦いをしてしまったのかという反省から始まっている。そこで人間の祖先も、本当に戦っていたのかと疑問を持った。猿はどうなんだと調べてみれば、彼らは戦ったりしていない。レイモンド・ダートの仮説も後に別の先史人類学者たちが検証してみると、事実とは異なることが明らかにされた。

太田　動物の大腿骨で、人間の頭を殴って穴が開いたってのは間違いだったわけですか。

山極　そう。レイモンド・ダートが発見したアウストラロピテクス・アフリカヌスの頭骨に開いていた穴は、ヒョウの牙とぴったり一致したんです。つまりヒョウに食われた跡であり、人に殴られたわけじゃない。猿人は狩猟者ではなく、肉食動物に狩猟される餌食だったんだね。人間は動物を狩って世界を支配したんじゃなくて、餌食にならないように逃げまわっているうちに強い社会力を身につけたんですよ。学会ではすでに証明されているのに、アメリカの政治家はいまだに、戦いは人間の本性である、などと言っています。

戦争を肯定したオバマ大統領の理屈

太田　そういえば、オバマ大統領もノーベル平和賞の受賞スピーチで、そんなことを言ってましたね。

山極　オスロで行われたオバマ大統領の演説では、戦争は昔から人間と共にあったんだと、依然として戦い＝人間の本性説を蒸し返していました。核兵器の根絶を訴えて平和賞を受賞していながら、彼も戦争をやめるとは決して言わなかった。

太田　そうそう、戦いは平和をもたらす手段なんて言ってましたね。

山極　戦争には負の側面があると同時に、正の側面もあるのだと彼らは主張しているわけですよ。昔からの人間の本性だから、戦争はこの世からはなくならないと。それは学問レベルでは明らかに間違いなんだけど、世界中の政治家はずっと同じことを言っている。

太田　裏読みすれば、おそらくは民衆というか大衆が、そういうことを言ってほしいと期待しているからでしょう。そうじゃなきゃ、ここまで支持されないんじゃないですか。

山極　アメリカは第二次世界大戦で戦勝国となったけれども、それなりの痛手を負っていました。日本に原爆を落として、罪もない人々を何万人も一気に悲惨な目に遭わせてしまったわけですからね。その罪は、彼らにとっては「original sin」つまり原罪でしょう。そんな重い罪をずっと背負っていかなければならないのかと悩み苦しんでいたときに、戦いは人間の本性なんだ、だから仕方ないんだという説が現れた。

太田　そりゃ、飛びつきますよね。

フェイク・ニュースがなくならない理由

山極　人間に平和や秩序をもたらすためには、戦いを正当に利用する権利を持っているなどと言い出したわけです。人間はとにかく自分に都合のいい説に飛びつきますからね。ゴリラなんて、人間のご都合主義の最たる犠牲者ですよ。

太田　どういうことですか。

山極　ゴリラは一八四七年にヨーロッパ人によってアフリカで発見されました。すぐに欧米の話題をさらい、アメリカの探検家ポール・デュ・シャイユがアフリカへゴリラに会いに行って、一八六一年に『赤道アフリカの探検と冒険』という本を出します。ところが、その中でゴリラを「悪魔の化身のような、凶悪で暴力的で戦い好きの恐ろしい動物」と表現したんです。一八六〇年にゴリラの成獣がロンドンの動物園にお目見えして、多くの人が初めてゴリラを目にした。でも、ゴリラは凶暴な野獣と見なされているから、その後ずっと動物園では太い鎖につながれて自由を奪われた。その後も探検家たちは、凶暴な野獣を仕留めることに意欲を燃やし、多くのゴリラがハンターに撃ち殺されたのです。

太田　ゴリラ受難の時代ですね。ゴリラがそんなに悪いやつじゃないってことは、俺はちゃんとわかってますよ。動物園で山極先生と田中と三人でゴリラと対面したときも、確かに怖かったものの、凶暴さは感じなかったから。

山極　動物園でゴリラの子どもが生まれるようになるまでに、それから一〇〇年ぐらいかかっています。その間に何十万頭ものゴリラが殺されたり、不衛生な飼育環境で死んでいった。ゴリラは悪の権化なんだという発想に、みんなが飛びついた。その結果作られた映画が「キング・コング」です。

太田　なるほど。あの映画に出てくる怪物ゴリラは、徹底的に悪者ですね。

山極　要するにそれが真実かどうかではなく、自分にとって都合がいいかどうかで、人は自分が信じる内容を決めてしまう。当時の欧米では、アフリカは暗黒大陸と呼ばれていて、野蛮な人々と悪魔のような野獣が支配していると信じられていた。だから文明の光を当てるという理由で不当な植民地支配が正当化され、闇の支配の象徴としてゴリラが捕らえられた。そういう空気が支配していれば、間違った考え方でも飛びついてしまうわけでしょう。

そういう傾向が今はもっと強くなっているわけで、フェイク・ニュースなんてその典型です。何の根拠もない説や間違った意見がネット上を飛び交っている。フェイクかもしれないと思いながらも、自分にとって都合のいい意見には飛びついてしまう。フェイク・ニュースを根絶するのは並大抵のことではありません。

勝ち負けを競う議論の不毛さ

太田　わかり合うために対話するのではなくて、勝つために議論するというのは、経済的には勝つほうが有利だからですよね。日本人は交渉が不得意だから、もっとディベート力を鍛えなければならないなどという意見も、要するに経済のためでしょう。トランプさんが交渉術に長《た》けているというのも、彼は資本家で勝たなきゃならないという前提があるからだし。議論して勝たなきゃならないという空気みたいなものが、今ではごく普通の人の間にまで広がっているような気がしますね。

山極　確かにそのとおりだね。しかしそんな議論は不毛です。何も生み出さない。

太田　以前、日本人でスタンダップコメディーをやってる芸人と、小競り合いになったことがあるんです。スタンダップコメディーとは、一人で政治批判など舌鋒《ぜっぽう》鋭くまくし立てるタイプのお笑いです。そのとき思ったんだけど、日本ではスタンダップコメディーというのが根付かないんですよ。何でだろうと、漫才と比べてみると、俺が田中とやってるのは対話なんです。俺がばかなことを言って、それに対して田中がまともなことを言って突っ込むみたいな。落語だって、一人で熊さんと八っつあんを演じ分けて対話をしている。これに対してアメリカはスタンダップコメディーの国なんですよ。要するにプレゼンなんです。アメリカ人はプレゼンがすごくうまいじゃないですか。

山極　確かに、人にもよるけれど、日本人は総じてプレゼンに苦手意識を持っているね。

太田　アメリカの大統領なんかも演説がうまい。それこそリンカーンやケネディ、オバマなど、名演説を残している。演説では言葉のごまかしが少々あっても構わない。スティーブ・ジョブズがやったｉＰｈｏｎｅのプレゼンなんて実に見事なもんだったじゃないですか。そういうスピーチの技術にアメリカ人は長けているんですよ。それに対して日本人は交渉ベタで、安倍晋三さんなんかも演説が下手くそだなんて言われて、それはたぶん日本人は本来、話を勝ち負けとして楽しむ人種じゃないからなんですよ。むしろ俺たちは対話とか、滑稽な会話のやり取りに楽しさを覚える。

山極　確かにね。でもその傾向も最近は少し変わってきている気がしますね。特に、若い人たちの間では。

太田　おっしゃるとおりです。今の若い連中、特にＩＴ系のやつらは相手を言い負かすことにすごく重きをおいているように感じる。これは孫正義だとかホリエモン（堀江貴文）など、そうした人々にとってのカリスマの影響を受けているからですよ。そのカリスマたちも、元をたどればスティーブ・ジョブズらのやっていることをまねしてるだけなんだけど。ただ、経済がアメリカ中心に回っていて、日本はアメリカに追従するしかないような状態だからね。先生がさっき言っていたように、アメリカ人がでたらめな学説で人間同士は争うのが本能だなんていいながら、本当は人にやられたんじゃなくてヒョウの牙にやられたんだという、そんな話をしても、おそらく納得してもらうのが難しいんじゃないですか。

山極　アメリカは徹底してショービジネスの世界なんだよね。これは昔からそうで、西部劇に象徴的に示されているように先頭に立って戦う姿を見せるのが英雄なんですよ。だから嘘《うそ》だとわかっていても、パフォーマンスとして、間違いを認めることはできないんじゃないですか。演じるのがうまいから、威厳なり権威が爆発的に、すぐみんなに伝わる。ところが日本人は本来とても疑い深いから、権威を居丈高に振りかざしたりすれば「こいつ、ほんまかいな」と思ってしまうわけです。こうした日本の文化はアメリカにはない。

二重性の国、日本

太田　日本は大衆文化がしっかり発達しましたね。

山極　鎌倉時代から江戸時代にかけてね。この大衆文化が日本文化のもう一つの核になっていて、その意味では日本は二重性を持っている。士農工商がはっきりしている中で、江戸時代の文化の中心には町人がいたわけですから。しかも判官びいきというか、負けるが勝ちみたいな逆説的な価値観もあるわけですよ。

太田　まあ、妙な国とも言えないことはないですね。

山極　日本の神社には二種類あってね、魂振《たまふ》りか鎮魂なんですよ。魂鎮《たましず》めの神社では敗者を祀《まつ》る。菅原道真なんかが典型です。もちろん魂振りの神社では勝者を祀るんだけれど、敗者のほうが多く祀られている。なぜなら負けた者の恨みが病気や飢饉《ききん》となって襲ってきて、世の中に弊害をもたらすことを、政治を司《つかさど》る者たちがおそれたからです。だから霊を鎮めるために神社を建立した。こういう文化はアメリカにないでしょう。

太田　敗者には何もくれてやるな、ですからね。

山極　だからトランプみたいな人が出てくる。資本主義というのは常に右肩上がりで勝ち続けなければならない。これはまさに宗教であり、実際、資本主義は世界を制覇した現代の宗教になっていると思いますね。政治家の役割は経済を上向きにすることで、少しでも低迷したらただちに支持率が下がる。これは、欧米はもちろん日本でも同じことで、さらにはアジアでも同じ「資本主義教」が席巻している。ベルリンの壁が崩壊して以降、資本主義が宗教として世界に蔓延し始めた。これが経済一辺倒の世界をつくることにつながり、今その弊害がいろいろなところに出てきていると思います。

第二のジャポニズム到来

太田　確かに、そのとおりだと思いますが、これを今から覆すなんてとんでもなく難しいことじゃないですか。

山極　ただ、僕が少し希望を感じているのが、今、第二のジャポニズムともいうべき波が来ているように思えることです。

太田　ジャポニズムですか。一九世紀にヨーロッパで流行した日本趣味のことですよね。

山極　そうです。再び欧米の人たちが、日本文化に注目し始めているような気がする。ただし、一九世紀とは注目されている対象が違って、今、注目されているのは漫画やアニメ、小説、和食など、日本独自の大衆文化なんですよ。そうした文化に実は大切なことが隠されているんじゃないかと思う。村上春樹の小説が世界中で読まれているのはなぜか。既存の世界と虚構の世界の境界、例えば死者の世界と生者の世界や、獣の世界と人間の世界を軽々と飛び越えるからでしょう。

太田　というと？

山極　ヨーロッパにはない発想なんです。キリスト教はもちろん、イスラム教もそうなんだけど、人間が動物にされてしまうことはありうるけれども、動物が人間に成り上がることなどありえない。ところが日本を含むアニミズム的な世界では、動物が人間になるのはごく当たり前のことです。日本の昔話なんかでも、動物と人間が結婚して子どもを生んだりする。

太田　それは欧米人からしたら、とんでもないという感覚になるんでしょうね。

山極　これまではね。ところが、今、日本的な世界観に欧米の人たちが馴染み始めているような気がするんです。なぜなら彼らは、死後の世界と現世をあまりにもはっきりと境界づけてしまったからです。キリスト教やイスラム教の世界観では、今の世の中が生きづらくなってしまったからではないか。そこに資本主義が絡んでいる。結局、資本主義もキリスト教も個人主義なわけです。資本主義では個人の欲求をいかに実現させるかがテーマだったわけだし、キリスト教も個人のあの世での救済が目標ですから。これに対して、人と人の境界が曖昧で、それこそ生者と死者の境界さえも曖昧な日本文化では、個人は埋没しがちなんですよ。

太田　俺らは、もっと個性を際立たせろなんて教育をされてきたような気もするけれど、むしろこちらのほうに欧米の人たちは魅力を感じていると。

山極　欧米人的な世界観からすれば理解し難いようなカオスを、日本文化は抱え込んでいるように見える。でもそこに魅力を感じているのではないか。和食が象徴的で、生きたままの魚を食べるでしょう。この食文化は、死んだものの肉しか食べない欧米の食文化とはまったく違うものですよ。

太田　最近でこそ、ヘルシーだとか言って生魚を食べるそうですけどね。

山極　生きているものを食べる、あるいはそれと同化することで、生命力を取り込む。そういう感覚を我々は自覚していないんだけれど、ずっと維持してきた。これを僕がジャポニズムと呼ぶ理由は、一九世紀のジャポニズムがまさに同じような流れで欧米に入っていったからなんです。きっかけは、たかだかアジアの小国の民衆が日常的に使っていた扇子と団扇《うちわ》ですよ。そこに描かれていた浮世絵が、西洋の遠近法や明暗法を無視したとんでもない描き方だったために、こんなやり方があったのかと、向こうの画家たちがびっくりした。ドガやマネ、ゴーギャン、ゴッホたちが浮世絵に注目するようになり、それを取り入れた絵画を描くようになり、その芸術の形式が、やがて客観的な見方を中心におく彼らの哲学を変えていったわけじゃないですか。

太田　一九世紀ヨーロッパの知識人に一大ショックを与えたわけですね。

山極　言ってみれば日本文化が彼らの思想転換の触媒になったわけで、同じことが今また起こりつつあるような気がする。ただし、第一のジャポニズムとの違いがあるとすれば、今の日本人は、自分たちの文化が欧米に影響を与えていることを自覚できるんですね。一九世紀の日本は、西洋に全然追いついていなかったけれど、今は西洋文化のネガティブな面もきちんと知っているわけですよ。だから第二のジャポニズムを我々は自覚すべきで、大いに利用すべきだと思いますね。

太田　葛飾北斎もある意味、漫画だったわけじゃないですか。そしておそらく今も世界中が、日本のアニメーションや漫画に注目している。一方では日本では若い連中に対して、個性的であれという強迫観念みたいなものがある。イエス・ノーをはっきりさせろとかね、そうじゃなきゃ世界ではやってけないぞみたいな。こうしたあやふやさを否定する考え方が強くある一方で、世界からは逆に、その曖昧さのある日本文化が魅力的だと思われていると。そのことに自覚が持てるかが大事なわけですね。

第四章

「言葉」だけに頼ってはいけない

親しくなりたいなら一緒にメシを食おう！

山極　第二のジャポニズムの中に、日本の文化の中に根を張っている型がある。でも、型の中には人間に普遍的なものもあります。食事は非常に大切な「型」なんです。

例えば、二〇〇二年に小泉総理が北朝鮮の金正日《キムジョンイル》総書記に会いに行き、拉致被害者を取り返してきたことがありました。あのときお互いに握手をし、同じテーブルについて話をしたんだけれど、残念ながら食事は共にしていない。一緒に食事をしていれば、二人の距離がぐっと縮まったという印象が世界中に伝わったはずです。その後の展開も変わっていたかもしれない。そのくらい食事を一緒にするということは、重要な意味があると思います。

太田　だからですかね、安倍首相はトランプ大統領としきりに食事をしたり、ゴルフに行ったりしてますけど。

山極　食事を共にするというのは、強いインパクトがあります。誰かと親しくなりたかったら、たくさんの手紙を書くより、一度でもいいから一緒にメシを食うことです。ゴリラや猿など人間以外の霊長類からすると、食物はケンカの源泉だし、対面するというのは相手と張り合うことを意味する。だから、同じものを対面して仲良く食べる食事という行為は、初めから平和を前提にしている。仲がいいから、戦う気持ちがないから、一緒に食卓を囲むんですよ。ただ、今、非常に危機的だと思うのが、そうした習慣が崩れつつあることです。これまでにもたびたび触れてきたように、対面でのコミュニケーションを面倒に思う人が増えている。最初の問題提起に戻るけど、やはり言葉が暴走してきたことが大きいと思います。

太田　やはり言葉の問題に行き着きますか。ここまで先生と話していて、ずっと問題になっているのが言葉ですね。

主体性を「言葉」で測るのは間違い

山極　言葉といえばね、日本のトップは政治家も経営者も、国際的な舞台で活躍するためのコミュニケーション力を磨いていないとよく言われる。しかも、それは大学での教育が悪いせいだと責められる。

太田　そうした批判に対して、大学の総長としてはどんな意見をお持ちなんですか。

山極　自分が言いたいことをはっきりと相手に伝えるプレゼン能力、相手の言いたいことを的確に理解する能力、それらをうまく混ぜ合わせて商談をまとめる能力、こうした能力を英語で発揮できるよう大学で教育しろと言われるわけだね。まあ、わからないでもないけれど、それは大学本来の目的ではないと思いますね。そういう能力は大学以外の場所で鍛えられる。

太田　他に、リーダーシップ教育も求められていますよね。

山極　常に先頭に立っていろいろな人の意見をまとめ上げて、タフな交渉力や判断力を鍛えなさいと言われるけど、本当にそれがリーダーシップなのかと疑問に思いますね。

太田　そういうわかりやすいタイプだけがリーダーではないと。

山極　チームの作り方を考えてみればわかるはずなんだけれど、知恵者が後ろで黙って指示を出すチームがあってもいいはずじゃないですか。そもそもチームには必ずしもリーダーが必要という話でもなく、いろいろな役割をする人間が集まって戦略をまとめて遂行してこそチームなんですよ。リーダーを育てろっていうけれど、リーダーばかりが集まっていたら、そもそもチームが成り立たない。

太田　確かに。チームが俺みたいなのばっかりでも困る（笑）。

リーダーシップ教育は必要か？

山極　チームの強みというのは、端的にいえば多様性です。いろんな人がいるから、あらゆる状況に対応できる。ところが企業は、面接にかける時間も限られているし、その短い時間の中で、うまくコミュニケーションが取れた人を採用する。すると、どうしても似たような人が集まりがちです。

太田　それはある意味、仕方ないことではありますね。

山極　リーダーシップ教育が叫ばれるようになってから、どうも「俺が俺が」の人が増えているような気がしますね。

太田　そういえば学校でも学級委員とか生徒会長とかリーダーに自分で立候補するやつにろくなのはいなかったな（笑）。

山極　リーダーシップとしての能力と、人と調和するチームワークを育む能力。そのどちらも涵養《かんよう》しましょうというわけです。この二つを同時に持っているような人はまずいないでしょう。

太田　とにかく何でも自己主張しないと始まらないような雰囲気はありますね。

山極　主体性を「言葉」という尺度でしか見ていないことが問題なんですよ。僕の大師匠にあたる今西錦司さんは、生物はすべて主体性を持っていると言いました。生きること自体が主体性なんだと。生きて動くということは、与えられた環境の中で自らの動きを作ることであり、その動きに応じて周りの環境が変わるわけですよ。そうした動きを自覚して行うのが生き物の本質であり、だから主体性はどんな生き物も持っている。これを人間に当てはめれば、どんな人も主体性を持っていて、ただその表現の仕方が人によって違うということなんです。

プレゼン上手の東大生と下手な京大生

太田　授業で先を競って手を挙げるだけが主体性じゃないわけでしょ。俺なんか高校時代は、誰とも口を利かなかったけれど、主体性がなかったわけではない。

山極　まあ東大生なんかは、真っ先に手を挙げるでしょう。プレゼンを聞いていても、彼らの発表はうまくて素晴らしい。ただね、……つまらない。

太田　そうなんですか？

山極　本当に堂々としていて立派なんですよ。だけど印象には残らない。

太田　先生の京大はどうなんですか。

山極　これがもう実にひどい（笑）。笑ってしまうほどプレゼンが下手でね。お前、何が言いたいんだよって言いたくなるような発表ですよ。僕は大学院の面接をずっとやっていて、他の大学の人も受けに来るけど、京大生はひと目でわかる。

太田　京大に行ったときのことを思い出すと、なんとなくわかるような気がするな。

山極　東大生のように理路整然とよどみなく話したりはしない。なんだかよくわからないことをブツブツ言うだけで、お前は一体何をしたくて大学院に入りたいんだと聞いても、まだわかりませんなどと平気で答えるんです。ところが何年か経つと、そんなやつらの中から面白い研究成果をあげるやつが出てくるんですよ。逆に面接で素晴らしいことを言ってたのが、いつの間にか消えていたりする。

太田　そもそも面接だけで人を見抜けないですよね。

山極　そのとおりです。もうちょっと時間をかけないといけない。ところが今は、面接にしても研究にしても、あまり時間をかけられない。成果をすぐ出せという時代ですからね。目標を設定したら、そこに到達する時間が短ければ短いほどいいという世界観に染まっている。これが研究者、特に若手を苦しめているのです。

言葉の持つ重みを感じない世代

山極　ここまでさまざまなコミュニケーションについて話してきたけれど、改めて言葉の力の重要性を感じますね。言葉は人と人をつなぐ接着剤なんです。ただその一方で、太田さんが2ちゃんねるで経験したように人を傷つける強烈な武器にもなる。いわば諸刃《もろは》の剣なんだけれど、今はその悪い面が強くなりつつある。この状況にどう対処していくのかが問われていますね。

太田　俺は今、五四歳なんだけど、言葉の重さに対する感覚が、今の中学生や高校生とはずいぶんと違う気がする。傍《はた》から見てると、こんな恐ろしい言葉のやり取りをしてるのかって思うんだけれど、彼らはほんの冗談レベルでやり取りしている感じがしますね。

山極　我々の感覚からすれば、とんでもなくきつい言葉を使っているにもかかわらず、当人たちからすればほんの肩たたきぐらいの感覚なのかもしれないね。我々は言葉を使っていろいろな自分を演じるんだけれど、自分というアイデンティティ、つまり統一性は保っているわけじゃないですか。そのアイデンティティは言葉の中に潜んでいるわけですよ。ところがSNSなんかで言葉と人格の使い分けに慣れてしまい、状況ごとに違う自分を演じてしまった結果、アイデンティティを失うというか、統一性を持たない人格に育ってしまうおそれはないんだろうか。

言葉を発しないほうがかえって伝わる

太田　そんなことに振り回されない「新しい人間」が出てくるかもしれませんね。「俺は今、芝居してんな」と自覚しながら普通に話せるような人々が、もう育っているような気もする。俺は、言葉の力を信じているんだけど、そういう感覚すらない世代ですね。一方で、伝えたいことをすべて言葉で表現できるかというとそうではないと思う。

向田邦子さんは、非常に美しい文章を書く人ですが、言葉にすべきことと、しぐさや表情などの描写で伝えたほうがいいことを明確に意識していたと思います。先生はＮＨＫで放送された「阿修羅のごとく」はご存じですか？

山極　いや、見たことないな。

太田　このドラマで一番印象に残っているのが、セリフがまったくないシーンなんですよ。堅物のサラリーマンで引退したお父さんが、実は長年に渡って不倫をしていた。それで若い女と十何年もの間、別に家庭を持っていて、そこに子どもまでいた。それがバレたんだけれど、お母さんは表情一つ変えない。ところが旦那の背広にアイロンをかけようとハンガーから取ろうとしたときに、ポケットからミニカーが落ちるんです。それは明らかに別宅の小さな子どもに持っていくオモチャなんですね。それをお母さんはまったく表情を変えずに拾って、しばらく鼻歌を歌いながら障子の桟のところを走らせたりする。ところが次の瞬間、ミニカーをギュッと握りしめて、ふすまに「バンッ！」と思い切り叩きつける。ビリっと音を立ててふすまが破れる。この間、セリフは一切ないんだけど、何もかもがビンビンに伝わってくる。こういう状況を、もし言葉にしたらここまで伝わるだろうかと。

かえって言葉にすると軽くなってしまうと思うんです。

過去を話し始めたゴリラ

山極　確かにすごいシーンですね。言葉の力ということでいうとね、「言葉」を手に入れたために過去を語り始めたゴリラがいるんです。

太田　話すんですか？　ゴリラが。

山極　アメリカに「ココ」という名前のメスゴリラがいた。この子をフランシーヌ・パターソンという心理学者が飼っていて、手話を教えていたんです。ココが適齢期になったので、マイケルというオスゴリラとお見合いさせて、マイケルにも手話を教えたんです。いずれ、ココとマイケルが手話で話をするのを観察しようと目論《もくろ》んだんだね。あるとき、母親について覚えていることを尋ねると、マイケルが、アフリカで人間に捕まえられたときの様子を話し始めたんです。

太田　え～っ、手話で話したんですか。

山極　母親が首を切られて殺され、自分は捕まえられて縄でぐるぐる巻きに縛られて運ばれたと。そのときパターソンは、もしマイケルが手話を覚えなかったらどうなっていたかと考えた。トラウマは残っていたかもしれないけれど、記憶はずっと埋もれたままだったんじゃないか。言葉という道具を手に入れたために、過去を語れるようになり、結果として過去が新たな形で再現された。それによりマイケルは、たぶんすごい恐怖を覚えたはずですね。これは言葉の持っている力ですよ。

太田　言葉を手に入れなければ、記憶が再現されなかったわけですね。

山極　一方で、話すことによって救われる場合もある。第二次世界大戦を経験した人たちの中には、死ぬ直前に自分の体験を語り始める人がいるじゃないですか。例えば軍刀で人を切ってしまったとかね。ずっと心に秘めてきたんだけれど、しゃべらずには死ねないという人が必ずいるんです。これも言葉の持っている力ですよね。さっきの向田邦子さんのドラマでも、言葉は発せられていないんだけど、その状況を読み取る力を、我々は言葉によって培っている。

太田　自分の思っていることを言葉にして外に出すと楽になるというのは、実感としてもわかります。これは言葉の持っているすごい力です。でも、繰り返しになるけど、言語化することによって抜け落ちてしまうものもある。例えば悲しい気持ちを「悲しい」と言葉にした時点で、言葉の範囲内に感情が押し込められてしまうじゃないですか。だから、向田さんのドラマでも、あえて言葉にしないで、動作とか表情に託したんじゃないかと思うんです。

山極　確かにそうだと思います。

太田　だからそのゴリラも、手話を覚えてしまったことによって、何かを失っているとも考えられませんか。

言葉だけでは伝わらない

山極　おっしゃるとおりで、言葉だけを受け取っても、そこに込められた感情が伝わらなければ、言葉を発した人の意図は伝わらない。それを読み取る力が必要です。結局言葉だけでは本当の感情を伝えることはできないかもしれない。しかも、対面で話す場合とテキストだけでやり取りする場合には、伝わり方が明らかに違いますね。

太田　言葉には、いろんな弊害もあるんだけど、今さら言葉を捨て去ることはできないし、これからも言葉は進化し続けるでしょう。だとすれば伝えたい気持ちにぴったり合う表現を探すしかない。それは必ずしも、言葉を使った表現方法ではないかもしれない。例えば、無言でいるとか。とにかく、どうしたら伝わるのか、その方法を自分なりに探っていくしかないんじゃないかと思いますね。

山極　向田邦子さんのドラマは、日本文化の中で培われてきた悲しみや怒りを伝えるパフォーマンスがうまく使われている。人の気持ちは、言葉だけでなく、パフォーマンス、つまり身体性まで含めて、それらを駆使しながら伝えるものだと。言葉だけでは伝わらない。だからネットだけのコミュニケーションには限界がある。そのことを改めて強調しておきたいですね。

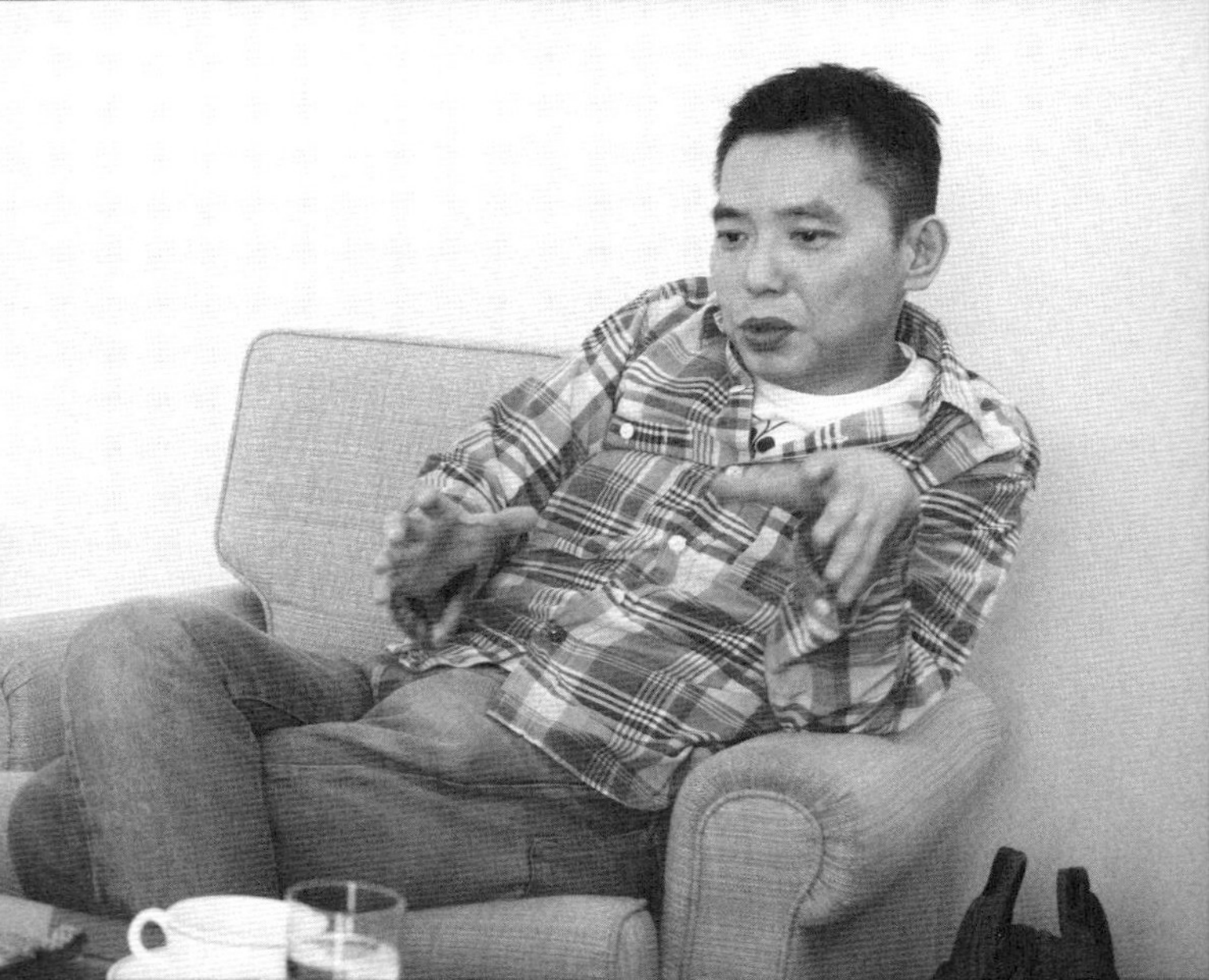

第五章

「伝える」のではなく、「寄り添う」ことを

プレゼン上手はコミュニケーション力が高いのか？

太田　言葉を使ったコミュニケーションって、なかなか難しいですね。最近よく「コミュ障」って言うじゃないですか。

山極　コミュ障？

太田　若者の間ではコミュニケーション障がいを略して、こんなふうに言うんです。さっきのプレゼンの話じゃないけれど、今はコミュニケーション能力が求められるあまり、コミュニケーションをうまく取れない人がコミュ障と虐げられたりするんです。

山極　なるほど。最近、伊藤亜紗さんの書いた『どもる体』（医学書院）という本が評判だけど、これがとても面白かった。「どもる」、いわゆる吃音《きつおん》には連発と難発があって、連発は「おおおおおおたさん」といったやつで、難発は連発を防ごうとするあまり言葉自体が出なくなる現象です。

太田　あまり知られてないけれど、吃音に悩んでいる人は意外に多いそうですね。

山極　そう。で、彼らは発音のやさしい言葉に言い換えをしたり、リズムに合わせたりして何とかどもらないで話そうとする。リズムに合わせると不思議とどもらなくなるんですよ。けれども、最終的にはリズムに合わせて話すことに耐えられなくなるというんです。結局はリズムに身体を乗っ取られているような気になるのだと。自分の意志で、自分の身体を自分のものとして、自分の言葉をしゃべりたい。だから、むしろ「どもる体」のほうがうれしいんだという。

太田　それは面白いですね。自分の身体が乗っ取られた感じというのは、わかる気がするな。ただ、吃音はコミュ障とは少し違うと思いますけどね。

山極　そうです。ただ、吃音に限らず人前でうまくしゃべれない人はいるじゃないですか。訓練で改善される場合もあるけれど、そうならない人もいて簡単な話ではない。

太田　ただコミュ障と名付けられたことで、ステレオタイプなイメージができ上がっているように感じます。言葉遣いがたどたどしくて、あまり会話が続かない。言いよどんだり、スムーズな受け答えができないという印象があります。でもそれって、本当にコミュ障なのか？　そう簡単に、会話って続かないですよ。特に、知り合ったばかりの人とか。ましてや、就職活動で、初対面の大人と、丁々発止と渡り合える大学生ってどれだけいるの？

って思いますね。そのために「トレーニング」するのってすごく変だと思う。

就活している大学生に言いたいけど、うわべだけの「伝える」テクニックを磨いても、話す言葉に中身がなければ、誰も話なんて聞かないよ。さっき先生が言ってましたが、京大生のプレゼンの話みたいに、俺はたどたどしくても、いやむしろ、逡巡《しゅんじゅん》しながら、本心から話そうとしているやつの言葉のほうが、たとえ時間がかかったとしても、じっくり聞いてみたいね。

「伝える」ということでいうと、俺は相模原で起きた障がい者施設の殺人事件のことを思い出すんです。

山極　というと？

うまく話せなくてもコミュ力がある人

太田　あの犯人は、「障がい者には生きている価値がない」みたいな勝手なことを言っていた。人と言葉でうまくコミュニケーションできないような人たち、「何も表現できない人間」には生きている価値はないんだと。あの犯人の風貌を覚えていますか？　全身に入れ墨をして、整形もして、自己主張の塊みたいなやつです。変わっているとはいえ、言葉だって話す能力はある。だけど、彼を理解していた人は周りにどれだけいたんだろうと思うんです。ほとんどいなかったんじゃないか。

一方で、あの施設に入所していた人々は、言葉はうまく話せなかったかもしれない。でも、家族や施設の人たちと、ちゃんとコミュニケーションは取れていた。少なくとも、入所者の気持ちを、みんなでわかろうとしていた。周りとコミュニケーションが取れていたのは、一体どっちなんだという話です。それは言うまでもなく、あの施設の入所者たちのほうです。わかりたい、寄り添いたい、そう思う人たちが周りにいた。「伝える」ための小手先のテクニックを磨くより、周囲にそういう人たちがどれだけいるのか。そのことのほうが重要なんじゃないかと思うんです。

山極　おっしゃるとおりだと思います。犯人こそ、自分が誰にもわかってもらえない怒りと絶望を抱えていたのかもしれない。

コミュ力は、表現力より周囲の理解

太田　だからコミュニケーションにおいて重要なのは、表現力があるかどうかではなくて、自分の言葉に耳を傾けてくれる人、自分に興味を持ってくれる人をどれだけ持っているかじゃないかと思うんです。コミュニケーション能力というのは、決して表現力だけの問題じゃない。

ピカソがシュルレアリスムの絵を初めて描いたとき、当然誰も理解できなかったわけだけど、それでも周りが必死で理解しようとした。そんな人をどれだけ持っているかもコミュニケーション能力の一つだと思うんです。

山極　それで思い出すのは、阿保《あぼ》順子さんという長野県看護大学の元学長が書いた『認知症の人々が創造する世界』（岩波現代文庫）という本です。彼女は看護師としてキャリアをスタートして、後に弘前大学の大学院に入った。そこで看護現場でずっと考えていたテーマ、すなわち「認知症の人たちをどうすれば理解できるか」について教授に聞いたのです。たまたま、その教授が僕の先輩だったんですが、「猿の個体追跡」と同じような方法で認知症の老人たちを追跡してみればとアドバイスした。

太田　個体追跡？

山極　目星をつけた一頭の猿に名前をつけて、朝から晩までその行動をひたすら追いかけるんです。いつどこで何をしたか、他のどの猿と付き合っているのかなど全部記録していく。この個体追跡を何頭もの猿を対象に行って、それらの記録を統合して解析してみると、彼らがどんなふうに仲間を認知していて、どのようなコミュニケーションで社会を維持しているのかが見えてくる。同じことを認知症の老人に対してやってみたらという話で、阿保さんは言われたとおりにやってみたわけです。

太田　とても面白そうな話だけど実際にやるのはかなり大変そうですね。それで何がわかったんですか。

山極　さっき太田さんが言った話と同じですよ。認知症の老人たちは、言葉を理解できなくなっていたり、しゃべれなくなっているんだけれど、他者とつながりたいし、会話もしたいわけです。ただし認知症になったために、世界の見え方が変わってしまっている。今、目の前にいる人のことを、現実の人ではなく、過去の自分が知っている人だと思い込んだり、デイルームにおいてある畳を公民館、廊下にある消火栓の赤いランプを駅の信号と勘違いする。彼らは彼ら独自の方法で世界を認識し、その中に生きているんです。

それでもね、人とつながりたい気持ちはしっかり持っているし、独自の方法でつながっている。コミュニケーションする気持ちも失ってはいない。ただ健常者の方法を失っているだけです。自分の体験をもとに、五感を用いて世界を解釈し、信頼できる仲間と生きようとしている。

太田　なるほど。だとすれば、やはり大切なのは、周りが理解しようとすることですね。

言葉が伝わらない世界へ行ってみる

山極　ところが今の時代、わかりやすさと短時間で伝えるということを評価基準としてコミュニケーション能力を捉えるから、決められた時間内にわかりやすく伝えられない人はコミュ障と見なされてしまう。昔はね、時間に余裕があった。話をする時間と空間をみんなが共有していて、制限された時間内に特定の意味を伝えなければならないなどという焦った生き方はしていなかった。ところが、今はみんなが生き急いでいるし、伝わらないことがすぐに問題視されてしまう。

太田　若い人なんか特にそうですね。いい解決策はないのかな。

山極　一案としてはとりあえず海外に行ってみればいいと思いますね。自分とは異なる言語社会に飛び込んでみて、簡単には伝わらないんだという現実をしっかり実感してきてほしい。うちの大学では「おもろチャレンジ」といって、何もかも自分で計画を立てて、海外へ行って研究なり調査なり「おもろい」体験をしてこいという体験学習制度があります。これに一件三〇万円を支給するんですよ。

太田　さすが京大というか、なんとも京大らしいおもろい企画ですね。

山極　会話するときには、相手は自分と違うんだということを前提にしなきゃ始まらないでしょう。ところが、最近は相手と自分が同じだという前提でコミュニケーションしようとする。だから伝わらない。本来違う人間なんだから、伝わらないのが当たり前なんです。ところが「伝わって当然だ」などと思い込んでいるから、少し時間がかかるだけでイライラしたり、どうして伝わらないんだと不安になったりする。

太田　俺なんか、いまだに田中のことがわからないし、あいつも俺のことをまったくわかってないと思うね（笑）。

伝えようとするより、わかろうとすること

山極　コミュニケーションというのは、お互いが異なるんだから、違うところはどこなのか、同じところはどこなのかと、お互いに探り合う中で、何とかわずかでも合意点を見つけて、お互いの気持ちを通じ合わせるところから始めていこうとするものだったはずです。そこで問題になるのが、テキストのみのコミュニケーションなんだよね。言葉を文字にすると、書き手は自分がテキストに込めた特定の意味だけが伝わるはずだと思い込んでしまう。実際には、書き手が文字に込めた思いと、読み手が受け取る意味は違うわけです。

太田　そもそもコミュニケーションは一人じゃできないわけでね。コミュ障って言われている人は、その人だけの問題じゃなくて、周りにいる人も、その人の意図をくみ取れないという点でコミュ障とも言える。だから、話すのが下手な人でも、言葉だけじゃなくて表情とかも手がかりにしてわかろうとする人がそばにいれば、その人はコミュ障なんかじゃない。赤ん坊なんて、その典型じゃないですか。

山極　赤ちゃんはしゃべれないからね。それでも周りの人間が必死になって理解しようとする。

太田　そうです。言葉を使えない赤ん坊のときが一番、理解されていたかもしれない。少なくとも、周りは全身全霊で、その発しない「言葉」を理解しようとしていたわけですよね。最近は、伝えるためのハウツー本がたくさん出ているけど、むしろ、発信者としての自分より、受信者としての自分を磨いたほうがいいと思う。つまり、わかりたいと思われるような人になれ、ということですね。

一番いい外国語の習得法

山極　コミュニケーションはお互いの共感能力の上で成立するからね。外国語を覚える一番いい方法は、片言でもいいから、わからないフリをすることだといいます。そうすると、「お前の言いたいことは、こういうことじゃないのか」と、相手がちゃんと説明しようとしてくれる。

太田　これも、「わかりたい」と思ってくれる人がいるからできることですよね。

山極　僕はフランスにいたとき、いつも「コムサ（こんなふうかなあ）」ばかり言ってた記憶があるし、スワヒリ語でも「ナムナガーニ（それってなんだっけ）」を多用していました。すると「お前が言おうとしているのはコレだろ？」と相手が察知して正しい表現を教えてくれる。言葉はそうやって、実地で覚えていくといい。しゃべれない僕に共感してくれて、僕の言いたいことを相手が代弁してくれる。そこからコミュニケーションが始まるんです。

大切なのは共感と関心

太田　その関係は赤ちゃんでも同じですね。赤ちゃんはしゃべらないけど、周りの大人が、赤ちゃんに「○○したいのね」って話しながら世話してあげる。これも立派な会話ですよね。

山極　要するに、大切なのは共感と関心なんですよ。共感が橋渡しして関心が相手へ向かう気持ちを作るから、お互いに通じ合える。これこそ言語が本来持っている、単に意味を伝えること以上のもっともっと大切な意義だと思いますね。

本来、意味を伝えるのは後回しで、共感の橋渡しをするために言葉を使い始めたはずです。なぜ言葉が有効なのかと考えれば、お互いの気持ちを探り合いながら、相手と同じ目線でものごとを見られるようになるからでしょう。ただ同じ目線になるためだけなら、必ずしも言葉を使わなくてもいいわけで、認知障がいになった人が、つまり言葉を思い出せないとか言葉で表現できない人が、コミュニケーション能力を失ったんだと考えるのは大間違いです。言葉以外の手段で通じ合いたいと意思表示しているんだと受け止める必要があるんじゃないですか。

もっと直観を信じていい

山極　これからの日本は、今まで以上に海外からの労働者を受け入れていくわけで、その際に外国人に対して、日本語をきちんと覚えないといけないと言っているけれど、日本語を完全にマスターするなんて難しいでしょう。そもそも、北海道の人と沖縄の人でさえ、同じ日本人といいながら、まったく異なる言語文化で暮らしているわけです。そういうお互いの違いを、きちんと理解した上で付き合う必要がありますね。

人々がどんどん移動する世界になっているんだから、たとえ同じ日本にいるとしても、お互いが同じ文化を前提にしていると考えないほうがいい。そこでうまくやっていくためには、自分のルールばかり振りかざすんじゃなくて、常にその場に応じて新しいルールを立ち上げて、共有し合いながらやっていくしかないんじゃないか。その際に大切なのが直観力だと思うんです。

太田　直観ですか?

山極　太田さんがやっている漫才は、言葉を使った直観力で勝負しているんじゃないかと思います。漫才は対話だと太田さんは言ったけれど、その意味するところは、常に相手がどういう気持ちでいるのかを察したり、先読みしながら言葉を発していくことでしょう。要するにあらかじめ何を言うのかを頭の中で完全に決めているわけではない。もちろん、ある程度はシミュレーションもしているし、ネタ合わせもやっているんだろうけれど、そのとおりにやるだけならロボットにやらせればいい。その場その場でいろいろな感情を喚起させながら、リアルタイムにコントロールしていくのは直観力の勝負じゃないですか。

太田　そうですね。俺たちは、「さあ、笑わせてくれよ」という客の前に出て行って芸をするわけです。でもお客さんのほうに、必ずしも俺たちへの共感があるとは限らない。ただ、共感がなくても、見ず知らずの人の注意を引いて、それで笑わせることができる。それがプロなんだと思います。そこで面白いのが落語でね、名人クラスになると「声をケチる」技術を使う。

山極　というと？

太田　あえて、ぼそっとしゃべるんですよ。すると客は必死になって聞こうとする。そのうちに会場が一体化して、噺家の息遣いまでもがビンビン響いてくるような感じになる。「あー志ん生は、声ケチるよね」なんて言いながら、みんな息を潜めて聞こうとする。それが、周囲の人を惹《ひ》きつける技です。

山極　大学の講義でも同じような話がありますよ。大教室での講義だと今ではマイクを持って話をするんだけど、昔はそんなの使わなかったから地声でしゃべるしかない。だからといって大きな声を出すわけじゃない。熟練の教授ほど声をうまく使い分けるんです。学生たちが騒いでたら、大声で怒鳴ったりせずに、むしろぼそぼそという感じで声のトーンを落とす。すると学生たちは、「先生、何しゃべってるんだろう」と聞き耳を立てる。これもある意味、一つの芸ですよね。

太田　コミュ障と呼ばれる人たちも、もしかしたらそこらへんにヒントがあるかもしれないよね。無理に言葉を繰り出すのではなく、たどたどしいままでもいいから、独り言を言うみたいにしゃべるとか。

それは「障がい」ではない

山極　そうだね。あとは、「障がい」ではないのに「障がい」なんて言うから事態を深刻化させているんじゃないかと思う。それは決して障がいではない。それなのに障がいと呼ぶことで、ある基準から外れたものを排除しようとしている気がする。本来なら、もっと多種多様な表現方法があっていいはずなんです。でも、単一の基準がユニバーサルな価値を持ってしまった。そしてそれはある種の信仰にまでなっている。

太田　そんな画一的なものの見方して、どうすんだって思いますけどね。

山極　ところがグローバリズムの世界では、ある製品の価値は世界中どこでも同じじゃないといけない。その考え方があらゆるところに普及してしまったんだね。昔は所変われば価値も変わって当然だったんです。でも今は、同じ商品なら世界中どこでも同じ価値を持たなくちゃならないといった神話が蔓延している。そこでスタンダードにならないと、排除される。

太田　確かに大げさな話になっていますよね。そんな障がいなんて言うほどのもんじゃない。さっきも言ったけど、コミュニケーション能力というときに問われているのは、話すほうじゃなくて受け手の能力なんだと思う。例えば俺が映画を作ったときの話ですが、子役のオーディションをしたんです。すると劇団なんかのマニュアルでしっかり対策してきましたって子どもが来るんですね。質疑応答の練習などを親にしっかりやらされたのが丸わかりなんです。そんな子は、見ていてちっとも面白くない。俺らが見ているのは、何気ない質問をされたときの表情の変化や反応で、そういうところに本質が出るんです。逆にいえば、それを俺たちが見抜けるかどうかが問われてるわけです。

山極　子どものころからそういう訓練をするところがあるわけだね。

太田　そうです。そこで教えられたことを正解だと思い込む人が、一定数いるんですね。

ただ、それこそ画一的な価値観の押し付けで、こちらの興味を惹きつけることはない。その子の良さが失われてしまっているように思います。

いつ死のうかとばかり考えていた

太田　この対談の最初で、引きこもりの話をしたじゃないですか。先生とずっと話をしてみて、引きこもりと「言葉」は関わりがあると強く思うようになりました。少し話したように、俺は高校三年間、学校には皆勤賞で通いながらも、誰とも一切口を利かずに心を閉ざしていたんですね。それは、厳密な意味では引きこもりではないんだけど、ある意味では自分の中に引きこもっていたわけです。

山極　そうだったね。当時はどんな気持ちだったの？

太田　何を見ても感動できないし、何を食べても味もしないし、言葉も出てこない。「あぁ、俺もうこのまま死んでもいいいな」と思っていた。それで、冒頭の川崎市のスクールバスの襲撃殺傷事件に戻るんだけど、彼のような人って、実はすぐそばにいるんじゃないかと思うのね。彼は人を殺して、最終的には自分の命も断つ。彼は、高校生のころの俺みたいに、常にいつ死のうかと考えていたんじゃないか。そういうふうな考えになると、他の人の命も大切には思えないよね。

こんなに自由でいいんだ！

山極　太田さんは、そんな状況からどうやって立ち直ったの？

太田　たまたま、美術館でピカソの絵を見たんですよね。そのときに、わーっと感動が戻ってきた。それまで、何を見ても心を動かされなかったのに。「なんて自由なんだろう。こんなに自由でいいんだ！」って、その絵を見て感じた。それがきっかけで、いろんなことに感動できるようになって、そういうものを好きになることができた。

何かを好きになるっていうのは、それに気づくことができた自分も好きになるということだと思うんですね。そうなると、他の人も、急に愛《いと》おしくなってくる。自分の命も他人の命も同じように大切なんだと思えるようになった。

あとは文学にハマったことも大きかったですね。自分の気持ちを代弁してくれるというか、いろんな人生があることを学んだ。太宰治や三島由紀夫なんかを熱中して読んだんだけど、ただ、彼らは最後、自殺しているんですよね。

山極　三島由紀夫は切腹するという壮絶な最期でしたね。大学一年の秋に生協の食堂のテレビで見ていたけれど、正直言って三島がなぜ割腹自殺をするのかよくわからなかった。

太田　そうなんです。あれが何ともわからない。割腹自殺なんて、究極の「肉体言語」でしょう。あれだけ言葉を巧みに操れる人が、どうして最後は肉体に頼ってしまったんだって。三島の文章って、とてつもなく切れ味があって、美しくて、本当にすごいなと思うわけです。それなのに、なぜあんな死に方を選んだのか。三島由紀夫は日本最高の小説家だったはずなのに、最後の切腹のせいで、一般的には、「切腹して死んだ人」になっちゃうんだよね。何であんなことしたのか、いまだにわからない。

山極　三島の自殺についてはいろいろ言われているけれど、真相は謎だよね。師匠の川端康成にノーベル賞をさらわれたのがショックだったとか、肉体が老いる前に自死することをずっと夢見ていたとか。でも、あのとき三島と一緒に腹を切った若者がいたんです。楯《たて》の会のメンバーでした。なぜ、三島の狂気に同調したのか。それが残念でならない。二・二六事件の幻想をたどろうとしたのかもしれないけれど、陳腐な悲劇にしか見えなかった。

引きこもりは哲学者と同じことを考えている

太田　だから、今、引きこもっていて、「何で俺はこうなったんだろう」って悩んでいる人たちに、「理由なんかわからなくて当たり前だ」と言ってやりたいんですよ。人間なんて大昔からみんなそうなんだって。ソクラテスの時代に始まってニーチェもそうだったし、結局、誰も答えは出せていないんだから。どんなすごい哲学者でも、どれだけ素晴らしい文学者でも、生きていることの意味を「はい、こういうことです」なんて明確に答えられた人なんて一人もいないし、これから先も絶対に出てこないと思う。だから「わからないからって悲観するな」と言いたい。答えがあると思うから、答えが出ない自分に悩んだりするわけじゃないですか。そうではなく、哲学者が人生をかけて考えてきたのと同じテーマを、あんたも考えてるんだぜって。何十年も引きこもってきたかもしれないけれど、その経験は哲学者並みに貴重だと思うんですよ。「あんた今、すごくいいところまできてるよ」と言ってやりたいですね。

山極　そうだよね。考え続ける、その経験が生かされるときがくると思う。

太田　それなのに人を殺してしまったら、世間的には、「殺人者」としてしか記憶されなくなる。そして、それさえも忘れ去られるでしょう。事件のほうが目立ってしまって、その人物がどういう人だったかなんて、誰も語らない。そんなことをせず、ただ生きているだけでもいい。そしてこれまでの、その人だけの、引きこもってきたオリジナルの体験を語ってほしい。そういう物語なら、俺は聞いてみたいね。

プライドをちょっと低くする

山極　人間は高度な精神世界を持ってしまったがゆえに、一方では身体性にこだわり続けるんですよ。三島は、作家としての才能を高く評価されていても、自分の身体の未熟さにこだわっていた。人間は身体を持っている以上、そこから逃れられない。否《いや》が応でも向き合わざるを得ない。でも今、その身体さえも放棄しようとする、新しい人間が誕生しようとしているような気がします。これまでは、自分の精神と肉体に食い違いがあっても、どこかで折り合いをつけながら生きていかなくてはならなかった。ところが、今はＩＣＴの普及でそんな面倒なことをしなくてもいい環境が生まれつつある。

太田　三島は美意識がとてつもなく高いから、身体も美しく鍛え上げたわけですよね。だからカッコいい軍服を着て、みんなの前で演説をぶち上げた。ところが一転して、割腹自殺という古臭い死に方を選んだ。談志師匠は晩年、自分の身体の衰えを嘆いていた。その一方で、精神は研ぎ澄まされていく。精神と肉体が相反しちゃうんだと。

山極　精神的にはどんどん成熟するから、落語の理想像が高くなる。けれども肉体が衰えるから、思ったように話せない。それで悩むわけだね。

太田　俺なんかからすれば、師匠は、そんなこと悩む必要なんてないくらい、とんでもなくすごい芸を持っていると思う。でも、師匠に面と向かって「すごいですよ」なんて怖くてとても言えない。相手は天下の談志師匠ですよ、そんな名人に向かって「あなたは落語がうまいですよ」なんて言ったら、「お前ばかにしてるのか」って言われるに決まってる。けれども師匠は常に、より高みにたどり着きたいと自分を追い込んでいる。そんな姿を見せられると、この才能は羨ましいけど、ここまで苦しい思いをするなら、俺は普通の爺《じい》さんになって死んでいくほうがいいなと思った。そのほうが絶対に楽だもん。

山極　談志師匠も、おそらくは三島由紀夫も、そこで妥協できなかったんだろうね。自分で自分を諦めるのは許せないと。だから天才なんだと思うけど。
太田　今、引きこもっている人たちは、談志師匠たちとは違うんだろうけれど、でも「こんな自分を許せない」というプライドを、ちょっとだけ低くすればいいんじゃないのかな。誰だって未熟な人間なんだから。

裏切られてもいいと思えるか

太田　アメリカの作家に、カート・ヴォネガットという人がいます。この人は俺の理想で、中でも『タイタンの妖女』という小説が大好きなんです。ブラックジョークの塊のような人で、シニカルでもある。そのヴォネガットの死に様が何ともカッコいいんです。自宅で階段から落ちて亡くなったんですが、これが彼の描く世界、人間の滑稽さとすごくリンクしている。しかも彼のホームページがあって、そのトップページには彼が死ぬ前は、鳥かごの中にいる鳥が描かれていたんです。ところが亡くなった次の日に見ると、鳥かごの扉が開いていて、鳥がいないイラストに変わっていた。もう最高だなと、俺もこうありたいなと思いましたね。

山極　それはいいね。自分が描く世界観を体現して死ぬわけか。僕は、アメリカの小説でいえば、スタインベックの『キャナリー・ロウ〈缶詰横町〉』が好きでね。これは大衆の愚昧さとか、それゆえの愛おしさを描いた作品です。缶詰工場のあるその街には実験用の生物などを販売している生物学者がいて、街の住民たちは先生を慕っている。先生もみんなのためにあれこれと世話を焼いている。住民たちは先生に御礼《おれい》をしたいと思っているんだけれど、集団で行動すると、なぜか先生を裏切るようなことばかりしてしまう。その皮肉な展開が実にいい。社会というのは常に個人の思惑を裏切るような結果をもたらすものだ、という話として僕は受け止めているんだけれどね。期待するからがっかりしたり、憤ったりするんですよ。裏切られてもいいやと思えるかどうか。自分の思いどおりにならない結果もすべて楽しんだほうがいいと、その小説から学びました。

太田　先生が達観している理由がわかったような気がしますよ。そうじゃなきゃ、京大の総長なんてやってられないでしょう（笑）。

山極　まあいろいろ大変だけどね（笑）。ともあれ、愚昧な社会性というのが、人間の本質じゃないかという気がするんですよ。今の時代、人間は常に向上しなければならないみたいに誰もが思っているでしょう。便利な世の中になれば、悪いことはなくなり、みんな健全な付き合いができて、理想的なコミュニティができると。そういう前提で社会が進んでいるように感じるんだけど、それは違うと思うね。

人生は取るに足らないもの

太田　ヴォネガットが『タイタンの妖女』で描いた世界も、結局、言っているのは、人間が長い歴史をかけてやったきたことも、アナザーワールドにいる宇宙人、時間軸がとんでもなく長いやつらの目から見れば、実に取るに足らないことなんだっていうことなんですね。大したことはないけれど、それでもいいじゃないかって慰めになっている。

山極　人間の歴史なんて、農耕牧畜が始まってからわずか一万二〇〇〇年ですよ。屋久島の縄文杉が六〇〇〇年生きてることから見ればわずか二世代。動物も人間もめまぐるしく生きて死んでいく。仮に地球外に生命体がいて一万年の寿命を持っていたら、人間なんて昆虫のように短命だと思えるでしょう。

それでも生きていることに意味があるとすれば、その意味とは何なのか。人間は生まれてきたときは一人ぼっちで、最後も一人ぼっちで死んでいく。その間に、いろいろな人とのつながりを拡大することで人生を豊かにしてきたわけだけれど、最後にはそれもしぼんで一人になる。最後に残るのは何なのかと思うね。

太田　ほんとですね。ただ三島的な生き様とヴォネガットを比べるなら、優劣ではないけど、俺にとってはヴォネガットのほうが魅力的で、彼みたいな表現者になりたいと思っているんだよね。

自然と、歴史と、つながるということ

山極　エジプトでも中国でも偉い人が死ぬときには、殉死する人や動物が一緒に墓に入れられたりして、一人にはしなかった。それは、命は死んでもつながりを持たなければならないという信仰があった証だと思う。それは間違っていると思うけれど、現代は生きてる間でさえそのつながりを確信できなかったり、絶たれたりすることが結局は引きこもりの問題につながってるんじゃないか。最近は子どもを持たない世帯が増えていて、そういう人たちは、ペットを飼っていたりしますよね。たとえ相手が動物でもいいから、何か自分

を頼ったり支えたりしてくれる存在とのつながりを確信していないと、生きる意欲が湧かないのかもしれない。

太田　俺が高校時代、人とはコミュニケーションしなかったけれど、読書は、ある意味で別の形のコミュニケーション手段だったんですよ。司馬遼太郎は、『21世紀に生きる君たちへ』という文章を書いているんですが、司馬さんは晩年、「こんな国に未来はない」と絶望していたんです。ところが、この文章の最後は、「君たちの未来が、真夏の太陽のようにかがやいているように感じた」と締めくくられている。絶望しながらも、書いているうちに真夏の太陽が輝いて見えてきたんだろうね。司馬さんって、いい意味でお調子者。書いているうちに楽しくなってきちゃったんだろうね。そういうのは、読んでいても楽しさが伝わってくる。

山極　僕らは死者によって生かされているわけで、司馬遼太郎のような歴史作家によって、我々は現在だけではなく、過去とのつながりも意識できるようになった。ところが、それが今は途絶えつつあると感じますね。過去と断絶した現在だけがふわふわと浮いている。

野生動物は自然のものを食べているから、彼らの身体は、住んでいる土地のものでてきているわけですよ。ところが今や、人間の身体は、暮らしている土地のものなどほとんど入っていない。地球の裏側から来たり、人工的なものを食べているからね。土地との結びつきから完全に切り離され、歴史からも切り離されている。だから、どこにでも飛んでいけるんだけれど、それが逆に大きな不安感をもたらしているような気がする。

太田　それでいえば、俺は高校時代、本によって現実とも過去ともつなぎとめられていたから、何とか生きていけたのかもしれない。

山極　本を読めば、それを書いた作家とその流れの中でつながりますよね。しかも読書はスマホのテキストとは違って、読者がじっくり書き手の意図を理解しようとし、本の中の登場人物になりきって物語を体験しながら読む。でも本だけじゃないんですよ。農業や、漁業、林業といった第一次産業も、自分の身体を通じてその土地や自然と「対話」する仕事なわけで、それは過去を必ず体現していますからね。そういう仕事を今改めて大切に考えるべきなんじゃないか。

つながりたい、でも離れたい

太田　つながりは、別の見方をすれば「しがらみ」でもあるわけで、そこから自由になりたいという気持ちもわかる。でも、本当に何にも縛られずに切り離されて生きていけるのかといえば、それは無理だと思う。人間には、つながっていたい気持ちと、切り離されたい気持ちの両方があるんですよ。

山極　そのアンビバレントな状況は常にありますよね。縛られるから逃げたくなるし、完全に逃げると孤独になって寂しい。だから、うまくバランスを取りたい。

太田　どっちもアリと考えられるといいと思うんだよね。悩んでいること自体は、ちっとも愚かなことではないし、答えが出なくて当たり前だということは知ってほしい。

山極　みんなで一緒に悩むといいんだよね。幸福の原点もそこにあるんだと思います。どんなにおいしいものを食べて、高価な服を着て、ぜいたくな家に暮らしていても、それだけでは決して幸福じゃない。人とうまい具合につながっていることが、幸福感をもたらしてくれる。それが今の日本には途切れているのはなぜなんだろうと思うんです。

ゴリラの子どもは生まれてから一年間はお母さんだけに育てられるけど、人間の子どもは生まれてすぐにお母さん以外の人の手に抱かれる。ゴリラに比べて成長が遅いので、その間多くの人に接して共同保育される。実はその期間がとても大切なんです。その間に、自分がこの世界に受け入れられていると感じるかどうかで、その子どものそれからの生き方が変わってくる。

太田　今は赤ん坊時代を含めて、子どもとうまくコミュニケーションできてないのかな。

山極　最近、しつけだと言って子どもを虐待するケースが多いでしょう。あれなんかも親が子どもに言うことを聞かせようとして、なかなか思うようにいかないから過剰になるんじゃないかと思うんですよね。つながりたいけど自立したいという子どもの気持ちをうまく理解できていない。

顔を見ながら話すことの大切さ

太田　そこに今はスマホがある。ネットでは偉そうなことを言っているのに、身内は何も聞いてくれないみたいな状況に陥ったりする。

山極　ネットによって表現方法だけは拡大しましたからね。ネットの中での自分と、生身の身体を持った自分がどんどん乖離《かいり》している可能性はあるでしょう。そこで身体の社会化が、今はすごく遅れているんじゃないかな。表現における身体性はとても重要で、それによって相手との信頼関係を構築したり、相手の気持ちを確かめたりするわけなのに、それができていない。

太田　ネットでの会話って直線的ですからね。実際に顔をつき合わせて話しているときには、同時に話してしまってかぶったり、相手を遮って話したりする。そこで「なんかうまく通じないな」と思ったりして、調整しようとする。これがお互いがわかり合うために重要だったりするんだけれど、ネットでの会話はセリフのように順番に並んでいくでしょう。

山極　普段の会話とネットでの会話は形式がぜんぜん違いますよね。ネット上でつぶやけば、どーっといろいろな意見が返ってくる。けれども普段の会話では、そんなことはありえない。こうやって太田さんと話しているときに、僕はうなずくことがあれば「うん？それはちょっと違うな」と感じるときもあり、その僕の了解や違和感を太田さんも感じながら話している。ところがネットでの会話は、お互いの顔つきや反応を見ることができず、言葉だけに反応するから炎上したりする。

太田　だから、たかだかスマホの中のやり取りで、絶望なんかすんなよって思いますね。

愛なんか求めなくていい

山極　僕は言葉を使うコミュニケーションを「硬いコミュニケーション」、言葉を使わないコミュニケーションを「柔らかいコミュニケーション」と呼んでいるんだけど、ゴリラとのコミュニケーションでは誤解が生じることはないんですよ。言葉を使わない、つまり意味をやり取りしていなくて、気持ちだけをやり取りしているからです。人間には社会言語があって「おはよう」とか「今日はいい天気だね」という言葉には、特別な意味はないわけです。これは気持ちを伝え合うためのあいさつであって、意味を伝え合う言葉ではない。ゴリラが音声で伝え合っているものとほとんど一緒なんです。

僕らは言葉だけじゃなくて、食事をするにしても、一緒に歩くにしても、動作を同調させながら気持ちを伝え合っているわけで、そうして補助線として言葉を使わないとうまく伝わらないんですよ。意味を伝え合うことも大事なんだけど、それと同じくらい気持ちを伝え合うことも大切なんです。そこがあまり意識されていないんじゃないかと思う。気持ちを伝え合うためには、ただ会話するんじゃなくて、何かを一緒にしたほうがいい。そういう工夫が、これからの生き方には必要だと思いますね。

太田　これは、ヴォネガットが言ってたことなんだけど、「愛する」とか、あまり考えるなって。無理に愛さなくていいから、ただ親切にだけはしろよと。愛とか考え出すと、義務感が出てきて苦しくなる。愛なんか求めなくていいから、ただせめて人にはちょっとくらい親切にしろよと。人にはそれぐらいの距離感で接していればいいんじゃないかな。人間の一生なんて、地球の長い歴史で見たらほんの一瞬のこと。ヴォネガットのメッセージが心に響くのは、人間ってその程度のものなんだと感じられるから。なんだかとても楽になるね。

山極　そう思いますね。そんなに思いつめる必要はないんですよ。今回の対談の最初のほうでも、僕たちはスマホを持っていないという話になりましたが、スマホに代表されるICTによって奪われたものを、今改めて考え直す必要があるように思います。相対して話をすることの大切さとかね。もっと他愛ない会話をしながらみんなで食事をしたらいいんですよ。スマホはおいて。

太田　そう、スマホはおいてね。

あとがき

山極寿一

日本人はしゃべるのが苦手だとよく言われる。舌先三寸と言われるように、うわべだけのうまい言葉で相手をあしらうことは、心や中身が伴っていないと思われる。「口は災いのもと」とか「不言実行が男のたしなみ」と言われた時代に育った私は、おしゃべりよりも無口のほうが品はいいとずっと思ってきた。だから、ハナシカという人種はどうも苦手だった。お笑いのネタはたいてい自分や相手を笑いものにしたり、けなしたりすることによって作られるので、その話術に舌を巻いても、その話し手を尊敬する気にはどうしてもなれなかったのだ。

しかし、太田光さんに会ってその考えは大きく変わった。二〇〇八年のことだったと思うが、「爆笑問題のニッポンの教養」という番組で太田さんと田中裕二さんが京都大学を訪れたことがあった。尾池和夫総長のお声がかりで、当時京大を代表する変人教授六人が総長と共に登壇し、学生数百人を聴衆として二人と渡り合った。そのときの太田さんの、相手を挑発し、話を作り、笑いを誘い、穏やかにまとめ上げていく語り口に、私は心を奪われた。これは並大抵の業ではない。相手の心に入り込み、面白いテーマを見つけるとさっと引き上げて距離をとり、言葉のボールを投げながら様子をうかがい、ボールの大きさや速度を変えて相手の興味を引き出す。マンネリ化すれば鋭く切り込むし、険悪になればソフトな着地点を探す。話し上手で、聞き上手なのだ。どんな人が相手でも引きつける話題を瞬時に用意できるハナシカを、私は初めて見た。

そのとき頭に浮かんだのは、アフリカのジャングルで付き合った人々だった。私は野生のゴリラを追って、長年アフリカの森を歩いてきた。村々を渡り歩いて森をよく知る屈強な男たちを雇い、ジャングルの奥深く分け入ってキャンプ生活を続けた。そこで強く心を動かされたのは、人々がみな話し上手だということだった。テレビも新聞も本もない。携帯電話もつながらないし、外の世界のことはラジオと時折食料を運んでくるポーターから話を聞くしかない。でも、みんな話し好きで、暇さえあれば集まって話をしている。それがいかにも楽しそうなのだ。赤道直下のアフリカにはヨーロッパ各国の植民地になるまで文字がなかった。しかし、言葉ははるか昔からあり、多様な言語が分化している。文字を持たないから遅れていると見なされ、ヨーロッパ諸国に武力で支配されたが、素晴らしい伝統文化を持っている。

現地で何とか地元の言葉を覚えた私は、不要な物を作らない、余分な物を持たない人々の文化の良さを実感するようになった。ジャングルの中には何でもある。山刀一つで道具も食器も家具も家さえも、必要なものは何でも作るし、料理もできる。自然から得た材料はいつでも更新できるし、古くなれば捨てて移動すればいい。放置すればやがて自然に帰っていくから、これは究極の持続的社会だ。しかし、言葉だけは不変で持ち運びができる。自然の変化はすばやい。それを的確に読み解き、危険を避け、その恵みに与《あずか》るには豊富な経験とその経験を生かす直観力が必要だ。それが言葉に転化されて人々に共有される。だから、人々は絶えず言葉を交わし合っているのである。

話し言葉と書き言葉は違う。話し言葉は相手と共有することが目的だから、相手に伝わるならいくらでも省略できる。「あれ」でも「これ」でもいいし、「ほら」と言って物を指してもいい。しかし、書き言葉はどんな読者にも伝わるように、正確な表現が必要となる。しかも、普通は書き手と読み手が時間的にも空間的にも離れているので、読み手が文字や文章を間違って解釈しても、書き手はそれを修正することができない。対話や会話では、相手が誤解しているようであれば、即座に修正することができるし、よく伝わらないようであれば繰り返し説明することができる。要するに、話し言葉は相手とのやり取りであって、一人では完結しない。双方が相手の心を読み、その場の状況を感じ取る直観力が必要とされるのだ。

しかし、現代の情報通信機器の発達は、その違いをうやむやにしてしまった。携帯電話やスマートフォンは、相手がどこにいるか、どんな状態でいるか、わからないままに会話を進行させる。インターネットでは文字によって言い争いが起き、炎上して修復が不可能になる。誰もがフェイスブックに自分の体験を写真入りで載せ、それを会ったこともない仲間が「いいね」という一言で支持する。確かに、こういった通信機器は人々のつながりを広げた。特に一人ぼっちで悩んでいる人はスマホやネットを通じて仲間を作ることができた。親しい仲間に打ち明けられない悩みを持った人は、匿名でそれを公開し、解決法を求めることができるようになった。

しかし一方で、普通に会って話ができるのに、会わずにスマホで済ませてしまうことも増えた。文字の会話は書き言葉の羅列であることを忘れてはいけない。文字の読み手は書き手の思惑とは違った意味を読み取るし、それを書き手は変更できない。いかに言葉をつないでも、どちらも一方通行の会話が続くのである。だから、そこには了解や合意や調整が生まれないし、常に一方的な思い込みで終始してしまう。終了しても、生の会話であれば言葉だけではなく、相手の声のトーンや表情やしぐさが柔らかい余韻を作るのだが、スマホでは文字から受ける含みが強く影響する。ときにはそれが、いたたまれないほどの打撃を相手に与えるのだ。

私が経験したアフリカでは、話術は人々の命を守る大切な技術だった。何しろ文字がないから、言葉は証拠にならない。いくらでもその場で言い逃れができる。逆にいうと、言葉で自分の正当性を主張しなければ、濡《ぬ》れ衣《ぎぬ》を着せられて罰を受ける事態に追い込まれる。話し合いの場では、みんな事実無根だと感づいていても、説得力があれば主張が通ることがよくある。詐欺を働いたことが露見しても、だまされたほうが悪いのであって、だましたほうはむしろ知恵者として尊敬されることがある。人々の間に起こった出来事を判断するには、正義がいつも重要とは限らない。いかに人々が納得し、収まりを付けられるかである。だからみんな言葉巧みにならざるを得ないのだ。

トラブルが起こった際によく登場するのは老人たちである。彼らは以前自分が見聞きした例を持ち出して人々を説得する。昔、同じようなことがあった、そのときはこうやって解決した、と具体的な話をして人々を導く。だから、長く生きてたくさんの経験を持っている人が仲裁者となる。そこで効力を発揮するのは、過去に同じようなことが起こったというストーリーだ。現実には同じことは決して起こらないが、それがストーリーになると同じ話になる。だから、必ず解決策を見つけることができるのだ。人々はどんなに難しい事態に直面しても、「問題はない、いずれ解決するさ」と言って平然を装う。そのとおり、過去に似たようなストーリーを見つけることができれば解決できるはずなのだ。それは架空の物語であってもいい。何しろ、言葉が語り継がれているだけだから、いくらでも脚色可能だし、フィクションであったとしてもそれを暴くことは容易ではない。

ジャングルで寝起きを共にした人々は、みんな自分の昔話をたくさん持っていた。夜は何もすることがないので、焚《た》き火《び》を囲んでよく昔話を披露し合ったものだ。昔話というのは、「昔々、あるところにおじいさんとおばあさんが」というように時と場所を限定せずに始まる。話の中には動物や虫や魚が登場し、人間の言葉を話しながらやり合う。そして、必ず人生の中でやってはいけないことというような教訓的な落ちがついている。それは、彼らが子どものころに村の長老たちに連れられて、数ヵ月間を森で過ごしたときに教えられた昔話であったり、仲間から聞いたことを参考に自分で創作した話であったりする。ジャングルという多様で恵みに満ち、ときには危険な自然の中で生きるために、そして複雑で変化にとんだ人間模様の世界で暮らすために、彼らはガイドブックとして物語を作り上げたのだ。そして、それはテキストではなく語り継がれる更新可能なストーリーとして、人々の間に生きている。

道徳とはこのようにして身につくものではないか、と私は思う。かつての日本の家屋は開け放しで、人の声がよく聞こえたし、人々は往来でよく立ち話をした。私たち子どもはその声をいつも浴びながら育った。多くは人のうわさで、しかも失敗やもめごとに関するものが中心で、子どもたちはこういうことをすれば人に笑われたり、後ろ指を指されるのだなと思ったものだ。文字に書かれた道徳を読むより、知っている人の口から出た実例のほうがよっぽど身に染みる。規範を身体化するには親しい人間関係の回路を通じた言葉が不可欠なのである。ひょっとしたら、ハナシカも登場人物に色濃い個性を与えながら笑い飛ばし、人々に生きる節度や楽しさを伝えてきたのかもしれない。そう思うと、太田さんのような役割の重要性が改めて浮かび上がってくる。

スマホやＬＩＮＥなどの高度な情報通信機器や技術が発達した現代でも、生の言葉の回路はその重要性を失ってはいないと思う。ただ、ちまたには膨大な情報があふれ、人々はそれを利用するために多くの時間をとられている。デジタル社会で仲間を作るのは簡単だが、信頼関係を作るには身体を合わせる時間と場所が必要だ。生きた言葉はその時間を輝かせてくれる。その技術を今こそ人々は磨かねばならないのではないか。通信機器をただ頼るのではなく、血の通う交流にそれを利用することを志せば、世の中はもっと幸福になるのではないだろうか。太田さんとの話は面白く、時間が経つのを忘れた。ときにはめまぐるしく話題が飛び、読者が面食らう場面があるかもしれないが、これこそ直観に流される対話の魅力だと思う。楽しんでいただければ幸いである。

撮影／丸谷嘉長

章扉デザイン／ＭＯＴＨＥＲ

企画協力／村上隆保（湘南ＢＢＱクラブ）

構成／竹林篤実

太田 光（おおた ひかり）

一九六五年埼玉県生まれ。漫才師、作詞家、文筆家、映画監督。一九八八年に田中裕二と漫才コンビ「爆笑問題」を結成。中沢新一との共著『憲法九条を世界遺産に』（集英社新書）がベストセラーに。

山極寿一（やまぎわ じゅいち）

一九五二年東京都生まれ。霊長類学・人類学者。京都大学総長。京都大学大学院理学研究科博士後期課程単位取得退学。理学博士。日本学術会議会長。著書は『家族進化論』（東京大学出版会）ほか多数。

集英社新書一〇〇一B

「言葉《ことば》」が暴走《ぼうそう》する時代《じだい》の処世術《しょせいじゅつ》

二〇一九年一二月二二日 第一刷発行

著者……太田《おおた》 光《ひかり》／山極寿一《やまぎわじゅいち》

発行者……茨木政彦

発行所……株式会社集英社

東京都千代田区一ツ橋二-五-一〇 郵便番号一〇一-八〇五〇

電話 〇三-三二三〇-六三九一（編集部）
〇三-三二三〇-六〇八〇（読者係）
〇三-三二三〇-六三九三（販売部）書店専用

装幀……原 研哉

印刷所……大日本印刷株式会社 凸版印刷株式会社

製本所……加藤製本株式会社

定価はカバーに表示してあります。

ISBN 978-4-08-721101-6 C0236

Printed in Japan

a pilot of wisdom

政治・経済――A

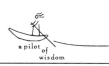

社会——B

a pilot of wisdom

哲学・思想——C

a pilot of wisdom

冷泉家 八〇〇年の「守る力」　冷泉貴実子
世界と闘う「読書術」 思想を鍛える一〇〇〇冊　佐高 信／佐藤 優
心の力　姜 尚中
一神教と国家 イスラーム、キリスト教、ユダヤ教　内田 樹／中田 考
伝える極意　長井鞠子
それでも僕は前を向く　大橋巨泉
体を使って心をおさめる 修験道入門　田中利典
百歳の力　篠田桃紅
釈迦とイエス 真理は一つ　三田誠広
ブッダをたずねて 仏教二五〇〇年の歴史　立川武蔵
イスラーム 生と死と聖戦　中田 考
「おっぱい」は好きなだけ吸うがいい　加島祥造
アウトサイダーの幸福論　ロバート・ハリス
科学の危機　金森 修
出家的人生のすすめ　佐々木 閑
科学者は戦争で何をしたか　益川敏英
悪の力　姜 尚中

生存教室 ディストピアを生き抜くために　内田 樹／光岡英稔
ルバイヤートの謎 ペルシア詩が誘う考古の世界　金子民雄
感情で釣られる人々 なぜ理性は負け続けるのか　堀内進之介
永六輔の伝言 僕が愛した「芸と反骨」　矢崎泰久・編
淡々と生きる 100歳プロゴルファーの人生哲学　内田 棟
若者よ、猛省しなさい　下重暁子
イスラーム入門 文明の共存を考えるための99の扉　中田 考
ダメなときほど「言葉」を磨こう　萩本欽一
ゾーンの入り方　室伏広治
人工知能時代を〈善く生きる〉技術　堀内進之介
究極の選択　桜井章一
母の教え 10年後の『悩む力』　姜 尚中
一神教と戦争　橋爪大三郎／中田 考
善く死ぬための身体論　内田 樹／成瀬雅春
世界が変わる「視点」の見つけ方　佐藤可士和
いま、なぜ魯迅か　佐高 信
人生にとって挫折とは何か　下重暁子

a pilot of wisdom

集英社新書　好評既刊

「国連式」世界で戦う仕事術
滝澤三郎　0991-A

世界の難民保護に関わってきた著者による、国連という競争社会を生き抜く支えとなった仕事術と生き方論。

「地元チーム」がある幸福 スポーツと地方分権
橘木俊詔　0992-H

ほぼすべての都道府県に「地元を本拠地とするプロスポーツチーム」が存在する意義を、多方面から分析。

堕ちた英雄 「独裁者」ムガベの37年
石原 孝　0993-N〈ノンフィクション〉

ジンバブエの英雄はなぜ独裁者となったのか。最強の独裁者、世界史的意味を追ったノンフィクション。

都市は文化《アート》でよみがえる
大林剛郎　0994-B

文化や歴史、人々の営みを無視しては成立しえない、真に魅力的なアートと都市の関係性を考える。

いま、なぜ魯迅か
佐高 信　0995-C

まじめで従順な人ばかりの国には「批判と抵抗の哲学」が必要だ。著者の思想的故郷を訪ねる思索の旅。

国家と記録 政府はなぜ公文書を隠すのか？
瀬畑 源　0996-A

歴史の記述に不可欠であり、国民共有の知的資源である公文書のあるべき管理体制を展望する。

ゲノム革命がはじまる DNA全解析とクリスパーの衝撃
小林雅一　0997-G

ゲノム編集食品や生殖医療、環境問題など、さまざまな分野に波及するゲノム革命の光と影を論じる。

人生にとって挫折とは何か
下重暁子　0998-C

人生の終盤まで誰もが引きずりがちな挫折を克服し、人生の彩りへと昇華する、著者ならではの極上の哲学。

ジョコビッチはなぜサーブに時間をかけるのか
鈴木貴男　0999-H

現役プロテニス選手で名解説者でもある著者が、選手の「頭の中」まで理解できる観戦術を伝授する。

悪の脳科学
中野信子　1000-I

『笑ゥせぇるすまん』の喪黒福造を脳科学の視点で分析し、「人間の心のスキマ」を解き明かす！

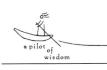